U1021032

想 象 之 外 · 品 质 文 字

北京领读文化传媒有限责任公司　出品

心怀野念

西门媚 著

The Unexamined Life is

Not Worth Living.

——Socrates

北京时代华文书局

图书在版编目（CIP）数据

心怀野念 / 西门媚著 .—北京：北京时代华文书局，2017.7
ISBN 978-7-5699-1583-9

Ⅰ. ①心… Ⅱ. ①西… Ⅲ. ①社会科学—文集 Ⅳ. ①C53

中国版本图书馆 CIP 数据核字（2017）第 104563 号

心怀野念

XINHUAIYENIAN

著　　者 | 西门媚

出 版 人 | 王训海
选题策划 | 领读文化
责任编辑 | 孟繁强
装帧设计 | 领读文化
责任印制 | 刘　银

出版发行 | 时代出版传媒股份有限公司　http://www.press-mart.com
北京时代华文书局 http://www.bjsdsj.com.cn
北京市东城区安定门外大街 136 号皇城国际大厦 A 座 8 楼
邮编：100011　电话：010-64267955　64267677
印　　刷 | 北京金特印刷有限责任公司
（如发现印装质量问题，请与印刷厂联系调换）
开　　本 | 880mm×1230mm　1/32　印　　张 | 9.25　字　　数 | 185 千字
版　　次 | 2017 年 8 月第 1 版　印　　次 | 2017 年 8 月第 1 次印刷
书　　号 | ISBN 978-7-5699-1583-9
定　　价 | 39.80 元

小序

这本书，原本叫《说我爱你》，本来是想谈谈爱。现在，我发现，这不止是谈谈爱，谈谈情感。我还想谈观念，谈谈社会，人生，乃至人类，谈一谈“野念”。

能让我们的人生从社会陈俗和他人眼光里跳出来的，就是书中想说的“野念”。

如果不跳出来，就不能起飞。你站的地方，就已经是自己人生的高点，往前一看，步步可见，就业，生子，买房，多赚些钱，等着退休。每一步，都是既定的程序。错一步，就是万丈深渊。

好的人生，会迥然不同，充满无限可能，随时可以出发。

不受所谓“阶段”，所谓“现实感”，所谓“年龄”限制。

在日常生活中，总是有人说，这样不现实，别人都不这样。

我的一位好友，三十多岁去美国读书。离了婚，净身出户，一无所有。为了读书还贷了款，因此得十分节俭，租住在别人阁楼的过道里。去学校餐厅吃晚饭的时候，别人会带走一纸杯的饮料，她带走的纸杯装着寿司和黄瓜、胡萝卜条，这就是她第二天的午餐。

与此同时，国内的朋友们正买房生子，步入中产生活。很多人，以为她这是相当辛苦，没必要的人生选择。只有心怀野念的人，才明白，这种不惧怕，可以重新开始的人生，充满了希望和惊奇。

前几年，我离开生活了三十多年的城市，离开我经营多年的小花园，去了广州。租住在中大附近，每天到图书馆看书写作，吃学生食堂。很多人难以想象，觉得这种租住小房子，不能随便购物的日子清苦。我自己却明白这种生活的充实美好。而且，知道自己随时可以放弃很多东西，随时能够出发，这更让自己有了信心。

野念，有时，体现的是一种理想，一种不畏惧，有时，就是一种爱的能力。

这本书是给心怀野念的人，也给对野念有所怀疑的人。

内心强大才会有野念。正如强大的内心，才会收获好的爱情。

这种野念与爱的关系，也是文学艺术永恒的主题。不同的时代、不同的艺术门类，表现的爱情既有千差万别的外貌，又有一些共通的精神气质，这也是我们所说的“野念”。所以，在这本书里，要谈一谈马尔克斯、王小波、罗大佑、林达、多丽丝·莱辛、米兰·昆德拉、奥尔罕·帕慕克等等，这些艺术家、文学家和思想家，谈一下他们作品中的野念与爱。还谈一下周围的人，普通的人，他们的困扰和领悟。爱不会光顾灵魂贫瘠的人，爱只在你心灵丰沛的时候来临。

只有眼界更宽阔，心灵的世界才更辽阔，对人性的思考和理解更深入，对爱的理解也才会更加宽容，才能拥有更强大的爱的能力，爱自己，爱自由，爱他人，爱所爱之人。

祝福每一位读者，心怀野念。

西门媚

目　　录
CONTENTS

089 第五章 告别旧照片

113 第六章 归来的激情

149 第七章

日常之毒

193 第八章

激情与妥协

第一章

心怀野念的人

茶上市

心怀野念的人

有次采访吴文光，问到他的作品是给什么样的人看的，他说，是给一些心怀野念的人，那些人是极少数，但他们存在。

心怀野念的人。

这是我喜欢的一个说法。

我想这种人可能存在于不同的群体，只因为一些内心的野念，他们生机勃勃，与众不同。

前日搬家，搬家公司派来了三个民工。其中一个见我扔了一地的书不带走，忍不住想弯下腰来仔细看。其实那些书大都是些不好的书，我经常会以扔掉某本书，或者把某本书拿来垫桌子来表示我对某个作者的愤怒。

我对那个工人说，你想要就拿走吧。他真的挑了一本，而且非常准确地选出了其中相对最好的一本。后来在等电梯的空档，他又在我的家当中拿出一本画册来看，先是看了画作，后来又仔细地在读前面一学者写的深奥莫名的文章。我开始注意他，他其实太不像一个民工了，完全是一副书生气质。我跟他做简单地交谈，只知道他离开家乡已经两年，其间走了很多城市。

在更早以前，一个给我修水管的年轻工人还跟我讨论过路遥的《平凡的世界》，观点精到。

而我平时接触的大众更像我的北京房东。他们全家搬到郊外住平房，把房子租给我，我成了她家的唯一经济支柱。她年纪不算大，每天唯一的事情就是坐很久的汽车接送孩子上学放学。我问她为什么不去工作，她说，我二十岁都不上班，为什么四十岁反而要去上班？上班不就是打工吗？打工我可不干。

那些大众里的异类，就是我眼中的心怀野念的人，他们拒绝命运的安排。

昨日到北师大参加一个活动，看纪录片《铁路沿线》。杜海滨拍的。

他在一个春节前后记录下了一个车站附近的一群人。一群流浪者。

他们有青年，有老人，更多的是少年，半大的孩子。

他们有的是有家难归的，也有的有家而不愿回的，以一种松散的方式，过着流浪的公社式的生活。

这个群体中也有一些有野念的人，怀揣着一些梦想，哪怕遥不可及。

在杜海滨的镜头前，他们自然呈现着他们的状态和想法。

片子演起来很漫长，杜海滨肯定花了很多的精力在里面，也投注了个人的情感，所以他舍不得剪辑，差不多 150 分钟的长度。这样的长度，又没有连贯的故事，明确的线索，看的人居然都很耐心很专心，时不时会发出一点笑声，因为这帮流浪者身上的勃勃生机和生活的幽默支撑着观众的兴趣。特别是看到流浪者在春节前夜围在火边唱起自编的流浪歌谣时，观众居然和片中人同时鼓起了掌。

吴文光的纪录片《江湖》讲述的那一个大棚马戏班其实也有很多这样的人。他们和杜海滨拍的群体有很多共通之处。

我就想到为什么国内现在好的纪录片都拍的是这样相似的群体，为什么不涉及城市生活。是城市生活限制了人的野念，还是被掩藏起来不易发掘?

彻骨之凉

两个月前，看《小团圆》，看得很不耐烦。好些天，才看到一半，就扔在那儿了。今天忽然捡起，很顺利地看完了剩下的一半。很惊讶。前一半的感觉和后一半的感觉很不一样。之前看这小说的时候，觉得写得真不好。反复和絮叨。像老年失了神。

看这后一半的时候，才找到感觉。

之前，因为怕被各种说辞引导，所以，关于这本书的评论也一概不看。倒是听两个朋友谈了他们的看法。

一个男性朋友说，她是爱他的，别看她和代理人宋氏夫妇通信，用的是无赖人这个名词，那是因为他们不懂，他们庸俗，她一向孤高，才懒得跟他们解释什么。不过是借用他们的说法。

这个男性朋友是个有意思的人。一向喜欢胡兰成。

这书看到只剩五分之一的时候，我就很相信这个朋友的话。不过，看到完结，我觉得不是那么回事。她最后是明白了的。她不再爱他了。而且心里也渐渐地看不起他，只是不肯说出来。

也是这位朋友，听到另一女朋友说，要写小说来报复曾经的上司，他笑，说，文学上报仇从来没有成功的。

其实，《小团圆》当然也是这样。张爱玲肯定早就明白了这个道理。她不耐烦他了，但写的时候，仍然好好写，投入到当初的情景中写。她是好作家，当然明白。但并不是还爱着他。

一个女性朋友说，这小说倒不是写爱情，最重要的是写母女关系，多么特别的母女关系。

但整个小说看完，我觉得那些，也都不过是张爱玲对自己的一个讲述，解释，和总结。

她小时候的生活背景，造成了她的冷淡、自私，造成了她与人的相处模式，总是那么冷眼旁观，无论大事小事，别人死在眼前，也可以不眨一下眼。但心底她又渴望爱，想和母亲好好相处，挣钱来给母亲，以为这样就不欠母亲的了。但她也误解了母亲，母亲因此伤心，也因此误解她。

这时，也才明白，她在小说前半部，不厌其烦地啰唆那些家族小事是什么缘故。

这些，都造就了她，她和母亲的关系，和爱人的关系。

这小说读起来不像小说，的确是自传，很赤裸裸的自传。没有小说好看。但是却深得让人害怕。

读完以后，我在想，如果先读了她的这本小说，那才看她早期的小说，可能就觉得意思不够了。她在这里面全部剖析完了，别的虽然比这个好看，但都浅了。

这也是她不同其他作家的地方。别人都是先讲述一遍自己，后来就驾轻就熟地，用文学来讲别的了。

她正好反过来。

搞得那么深刻也怪吓人的。她不仅对他人凉薄，对自己是更加凉薄。一点开脱都没有。

建在巴黎街头的农庄

罗伯特·米兰，粗看是个快乐的黄发背包客，背个黑色的双肩背囊，年龄虽大，但走路总是一蹦一蹦的，细听才知原来是法国一艺术学院的院长。

这次来北京，一是来探探以后在这儿搞艺术活动的路子，同时来逛逛。顺道带了些作品来，在一个使馆区的小画廊搞了个展示。

幻灯的内容是他在法国的很多地方挂上艺术作品，让这些作品融入公共空间。比如郊外的村舍的门上、窗上，比如厕所的外墙……

接着放 Video，我觉得是异曲同工的思路，但更有趣。

他们在巴黎的一个繁华地区，用从垃圾堆里拾来的木头之类的东西搭了一个小房子，圈了一个小院子，种上蔬菜，养上了鸡。好多市民目瞪口呆也饶有兴趣地看着这一切，尤其是那个请来合作搭房子的西班牙老头，灵活地用着各种工具，一点点建起了一个家园。

几十天以后，他们拆除了这个都市农庄，把草坪恢复原样。

当然他的这个作品是得到巴黎市政府批准的，而且还得到了拨款。

他放的第二个 Video 也是有些类似的作品，但是放在一个公园中。

如果有人在中国做这样的一个作品，恐怕不会有人把它当成一个作品吧。但我从中能够感觉的东西是很多的，他们的幽默，他们对人与环境的思考，他们对世界的关心……

自然我就联想到了做行为的中国艺术家。尸体、死婴、人油……一切极端的东西他们都用上了，比西方的艺术家不知要凶恶多少，但从中你感觉到的只是他们对成名的疯狂。除了能吓人能让人恶心，还能怎样?

从罗伯特的作品你能看出人家的胸怀是宽阔的，想象是自由的。行为艺术的高低优劣从此处便可知晓。

一个艺术青年听说了罗伯特的作品便说，如果是我做这个作品，应该让个肮脏的叫花子穿了华丽的衣服去各个豪华场所，看看那些侍应如何应对，看看这个叫花子如何表现，到时间了，再让叫花子恢复身份，看他又如何反应。

我对她讲，你这里面毫无善意，只有对别人恶意的捉弄，和国内的那些行为艺术家是一样的。

罗伯特在北京的同时还在继续他的另一个作品，拍人发呆的图像。他去到别人的生活中，等候别人出现发呆的瞬间，然后拍下那人发呆时看到的景象，记下那人发呆时的想法。

已经拍了很多，内容五花八门。我觉得这也是一个有趣的想法，从开阔处一下又到了细微，满世界走下来，拍下来，又从细微到了宏大。

莎士比亚的影子

这就开始了。

话剧《理查三世》。

舞台上空空如也，背后高大的砖墙露了出来，最普通的红砖，让我一下就能想象当年首都剧场建设时的情景，朴素的年代，没钱的年代，连涂料都舍不得刷一层。不过，这么多年过来，想必也不要紧，因为这前面肯定都有花花绿绿的布景把这层砖墙遮掩起来。只有今天，舞台的装饰全无，让剧场露出了出生时的容貌。

很多男男女女都一样的打扮，黑外衣，白衬衣。

在空旷的舞台上走来走去，渐渐就走出了花样。

他们的黑色的影子投在背后的砖墙上，因为灯光的不同，有的高大有的渺小，有的急急向前，有的缓缓后退。很有趣，也很有意味。

主人公理查三世出来，靠独白来塑造性格交待剧情。故事里的人物一个个被他拎出来，所有的性格，故事脉络也都是靠语言来塑造交待。

演员都很抽象，衣着和语调都一样，情节在这种抽象中发展，你集中注意力，才能辨明这个黑衣人是谁，那个黑衣人是谁，这有些像智力游戏。

舞台上还模拟好多童年游戏来表现各种场景，比如用老鹰抓小鸡引出理查三世与各个人物的争斗，两队人手牵手的冲撞来表现战争，还比如一列人的“开火车”游戏，沙包游戏……

舞台上始终是简单的，没有更多的布景，除了一些活动的白幕布和一个从上面放下的金属丝网。但加上变化的灯光，抽象的人物和他们的影子，幕布上再放映一些影像片断。极简的东西组合出了无穷的变化。也因为抽象就有了想象的空间，这种抽象和想象呈现出了人的欲望，人与人的争斗，人性的复杂，简单的东西就变得极丰富。

看这出戏的时候，我觉得不像是在看一出戏，而像在观赏一个前卫的综合的艺术品，比如其中有装置艺术，有行为艺术，有 Video，都比我们平常所知的这些门类的艺术家的许多作品要好。

虽然我知道林兆华年纪挺大了，65 岁，可看他的东西怎么都不像。

虽然他再三地对别人讲，他不前卫，可把强调叙事的莎翁的名剧排成了这么个抽象的东西，他不前卫，还有谁前卫。

只是市场效果不好，据说，票房收入 20 万，场租就要付 18 万。

不知是观众怕一个 65 岁的导演，还是怕抽象，或者怕莎翁。

饿着了的幽默神经

如果我要看《读书》杂志，就会把前两页连着翻过去。因为我怕看见丁聪的漫画。跟丁聪一拨的有一大群漫画家，老一代漫画家。他们如果看见此说，肯定会认为我一定是他们笔下讽刺的人——因为他们是以画笔为武器的，我怕他们的漫画，肯定是被他们刺中了。

我记得我的童年就是在他们的刀光剑影中度过的。那时看的一份报纸叫《讽刺与幽默》，其实看不见幽默，只有讽刺。而且讽刺还很简单化。我现在还记得那时华君武有幅漫画是讽刺当时市场销售要搞搭配，就画了一个老头买豆腐也要搭白菜。好在那些老先生多数都偃旗息鼓，颐养天年去了。只剩下丁聪。

如果按我的标准，丁老先生的漫画算不得漫画，他不过是给画下面的文字配了幅插图罢了。文字如是借古讽今的故事，丁聪就多半画个县令；如果是忆苦思甜的题材，画面多半就有穿破衣的瘦子和穿皮袄的胖子。但这也罢了，我尤其受不了的是丁老先生画面的难看。别人的漫画讲究的是夸张而简洁，求神似，而丁聪的画却是另一种夸张，人物画得极其复杂丑陋，为了突出这种复杂，丁聪还要给他的每个人物穿上条纹衣服。这让我联想到《老残游记》里描写一幅画，说那牡丹的每一根经脉都清清楚楚，像是用真花瓣贴成的。其实一想都明白，这种局部求真的画，不要说神似，整体来看，形都不似。

在丁老先生老一代的漫画家的教化下，我们一代人成长了起来。学会了讽刺，却不知何为幽默，以为漫画就是要一部分人看了跳起来，另一部分人感到解气。如果按照他们的逻辑，把问题严重化才叫幽默，也可以说，这是败坏了我们的品味，教大家仇恨。

但问题显然没这么严重。正是丁老先生们饿着了我们的幽默神经，所以当那些轻松的、机智的，让人恍然大悟、会心一笑的漫画一进入我们的视野，就让我们喜欢上了。这其实是丁老先生们的功劳。

所以，从此我不看《读书》，看《天涯》。因为《天涯》封二上是我喜欢的赵汀阳的漫画。

生命的最后一站

刚刚看了赖声川的《红色的天空》。本来以为这样的名字会涉及政治，涉及概念，却完全不是。

这是一出关于养老院的戏，关于一群等待结果的老年人。

他们有的是被儿女送来，有的是自己散尽最后的家业进来，有的是因为孤单一人进来。

在这里，他们晒太阳，下棋，唱歌，拌嘴，发呆，生病，生气，争长短，他们互相安慰，互相取暖，他们被世界遗忘，也慢慢忘记了世界。

演员演得非常好，那些琐碎的，哀伤的，孤单的，无奈的，被排斥的，无法言传的情感，那些破碎的回忆，破碎的心情，破碎的时间感，一下子就把观者击中了。让我想到了老年，想到了生命的意义，想到了人生的虚妄，让我的心沉到最低处。

说了这么多感觉，其实舞台上却是一点不抽象，全是很具体的样子，让你看到他们就想起了你曾经看见的，听见的，想见的。

戏里的老头们，相互取乐，为一盘棋的胜负争执，拉琴，唱戏，虽都不大成调子，但他们比那些老太太有活力些，开朗些。老太太们更羸弱，更不容易开阔，更容易陷入对结局的害怕。

我有一阵在桂湖公园看书、写生时也发现过这一点。老头们往往聚在一起，以下棋为基础进行社交，老太太们往往只踽踽独行，更没有活力。我想，也许是因为老年女性的作为母亲的社会角色失去以后，她们更容易失去世界。她们的心灵更无所依托。

但这出戏带给人的感情是复杂的，绝不仅仅是让你沉没在悲伤里。在戏里，老人院建院八年有个联欢会，老人们各施所长，参加表演。那最年老的陈老太太平时只能靠推着一张椅子走路，她所表演的就是“活着”。这些有趣的地方让你一下子被逗乐了，但还没笑完，你的心又沉下来。老金表演他的全家福，他去世的太太，他去世的女儿，他去世的狗。他用一种方式来表演全家。天衣无缝的幽默，我不禁被戏里的他逗得哈哈大笑，但笑之后的心酸，无法言表。我一直抗拒看杨绛的《我们仨》，也是这个原因。我不能想象那样的世界，你爱的人爱你的人，你关心的人关心你的人，他们都在遥不可知处。这样的世界，会有多寒冷。

从戏里出来，我仍在为演员们叫绝。这出戏，绝大部分内容都来自演员们排演时的即兴创作。他们都是年轻人，他们怎么体会到那些老年状态的细节的，那些琐琐碎碎，那些只能用心灵去体悟到的东西。而且在戏里，演员们除了服装，并未化妆，完全是靠表演和方言来表现角色的年纪。

但我真的就看见了老年。看见每个人都将面对的生命的最后一站。

我想起一个故事，曾经有个拥有一切的人要求智者在他的戒指上刻一句话，让他高兴的时候不要忘形，让他失意的时候不会一蹶不振，智者给的那句话是“连这个也会失去”。

这出戏就像这句话。

它让我想到很深远的地方，但在这冬日，却也很容易让人忧郁。

我想到那些今天的日子都过得很不好的人，不知他们看这出戏会是什么感想。

前几日，朋友文迪去给大学生们做了个演讲，他讲到传统教育永远只讲光明的一面，永远不肯承认，人的一生中孤独、失意、挫折，更像是我们的常态。这样的教育让我们丧失心灵的敏感。

其实，赖声川这出戏正好是反过来，再迟钝的心都能被他击中。他让我们变得脆弱，不得不面对一些问题，思考一些问题。

另外，我还想到，这出戏在台湾是进行巡演的，台湾的观众会买票来看这样一出戏，他们的观众真是有极好的文化素养啊，他们会思考“生命是什么”。我想，这样的戏，除了台湾，也许只能在欧洲有市场吧。

精致的法式甜点或日本寿司

我一直觉得女性写作有一个大忌，就是喃喃自语。很多女性写作都逃不开这个问题，通常会从头到尾都充满呓语，喋喋不休，自爱自怜，觉得自己是天下第一美女，多情多才，同时，男人不是好东西，自己所遇通通非人。

自述式写作，对于女人非常容易上手。这可能和女性思维方式相关，女人思维直接感性，心理活动细腻纷繁，直接记叙下来似有一点文学性。所以，不少女性一开始写作就从第一人称出发，从我出发，直抒心怀，把所受的情感创伤全部放进作品，就容易落入这个泥坑。

因此，很多有文学理想的女作家，会从一开始就避免第一人称写作，她们选择了更理性的角度，选择了和女人本性更远一些的距离。

但我惊讶地发现，法国女作家妙丽叶·芭贝里的《刺猬的优雅》是个意外。

《刺猬的优雅》是第一人称的作品，但完全不是上述的那种女性自恋型小说，那种是苍白无聊，除了作者外没人能读的作品，而《刺猬的优雅》却出人意料的有趣。

这首先跟作者设定的人物有关。主人公是个有意思的角色：一个看起来丑陋贫穷的女门房，却是内心无比丰富，非常有学问的人。她要把自己隐藏在门房的身份里，为此，还要装出大众想象中的门房的样子，买庸俗的大众食品，看肥皂剧，说话不讲究语法。但其实她有一颗骄傲优雅的心，她读了非常多的书，热爱托尔斯泰，关心艺术和电影，自己跟自己讨论哲学。

这样一个角色，再从她的内心出发，显然，我们就不会看到一般女性第一人称写作会呈现出的那种面貌。我们看到的是非常有趣的内心活动。看到女主人公冷静地旁观她所处的那幢大楼里的上流人士，看到庸俗、自私、无情、愚蠢、自大、势利和绝望。她一边观察世界，一边读书，一边做哲学思考。

仅这些哲学思考都十分好玩。这可能跟作者是哲学教授，同时又是女人有关。这些哲学和艺术的思考，碎碎的，唠唠叨叨的，从笛卡尔、康德、马克思，到拉斐尔、鲁本斯、霍珀、普鲁斯特，甚至到小津安二郎。

这些有趣的流动状态的思考，导致了这本小说读起来轻松惬意。我想，这本书获得法国书商奖，销售超过一百万册，跟这种既有意味，又轻松好读有关。

当然，我以为，这本书在法国以及其他西方国家，那么受大众欢迎，还有一个重要原因。就是书中对东方文化，特别是日本文化的热爱。

女门房最终遇见了一个能勘破她身份的人，一个日本人。那个人甚至也叫小津，并且还是小津安二郎的亲戚。

小津是个优雅的人，有文化，有教养，没有等级观念。同时，两人在思想和兴趣上，惊人的一致。小津带着日本的优雅而来，带来一个新的世界。

小说里有大量对日本文化的向往和歌颂。读这本小说的时候，假想自己是个西方人，觉得只有日本才有真正的优雅。这是一个有意思的思维角度。

在小说里，作者借主人公的絮叨，歌颂日本文化的一切。茶道、推拉门、优雅的女人、山茶花、日本漫画、日本电影、盆景、不对称的家庭陈设……

这种对日本的向往，并不是作者的个人特质。法国乃至欧洲对日本文化有一种由来已久的倾慕。早在印象派画家中，就有许多人对浮世绘进行研究和模仿。

哲学家科耶夫说："日本已经推出一种文雅的、审美的生活文化——文学、戏剧、插花艺术、艺妓、武士——在这种生活文化中，即使没有'历史'，也能很好地生活，这是一种由仪式、礼仪、风格、模仿和模拟组成的生活文化。"科耶夫认为，法国与英国的文化与此相比，简直是没教养，日本的生活文化是使附庸风雅民主化，日本的模式预示了未来社会。

其实，这也是小说《刺猬的优雅》的主题。

门房在世人眼里是粗俗卑贱的，只有日本人小津才能发现她的优雅，才能与她相知。

说到主题，就还要提一下"刺猬"这个概念。

小说中借桀骜聪慧的小女孩帕洛玛之口说：刺猬外表丑陋，包裹得很严实，但内心却细致优雅。但这绝不是作家对"刺猬"的全部解释。要记住，作家是个女哲学教授，她已经在作品中大量地放入了她的哲学思索，她不可能不放入“刺猬”这个哲学中的经典解释。

以赛亚·伯林在当初提出“狐狸和刺猬”的概念时，认为人分为两类，“狐狸多知，而刺猬有一大知”。伯林在文中集中讨论了托尔斯泰就是典型的“刺猬”。

《刺猬的优雅》中，主人公也非常热爱托尔斯泰，甚至和小津相知也是起源于此。显然，作者想说，这两人都是刺猬，有着大知，他们所钟爱的日本文化，也是刺猬。

小说中充满着这种思考和讨论，顺滑流畅，繁多却有些清浅，没有多少外在情节和冲突，对于一个中国读者来说，它是标准的法国式的，细腻精致的。我想，对于那一百万的西方读者，吸引他们的，可能是这种有东方感的，对东方文化有些幻想和描摹的况味。

对他们来说，是日本寿司，对中国读者来说，它却是法式甜点。

一个勇士的成长

上周末，我们去锦江图书馆的杜玛咖啡看了杨勇拍的纪录片。

杨勇，二十年前长漂的队员，现在成了环保人士，去夏今冬，他和同伴去长江源头做了两季详细的考察。他们只代表民间，用的是最有力的亲历，最有力的影像。

长江的源头已经萎缩到可怜的程度，在夏季，庞大的河床中，都只有一小股幼细的小水流，周围已经被大片的沙漠包抄过来。

很多地方的水永远断流，形成一些死湖，死湖慢慢变成咸水，慢慢地，那个地方就死去了。

一些城镇因为缺水，已经没落，沿江，已经有了一些死城。而新城也面临缺水的危险。

就在这样的可怜的长江源头之上，将有七座电站落成。已经修好的，很多时候，因为无水，其实也是个死的电站，但死的电站和水库，早已把当地变成一块死地。

长江源就这样慢慢死掉了。

一点点，被人的贪欲杀死。

还不是一点点，简直就是飞快地杀死，用的是一把快刀。

杨勇他们二十年前立下的那块长江源头的碑，和现在的源头之间，已经至少差了三百米。

这些画面，看得人触目惊心，看得人沉默无语。只能向杨勇他们，报以掌声和敬意。

那些镜头里，有如仙境似的美丽，也有像史前般的苍凉，还有就是大量的考察遇险的镜头。人陷在沙里，车陷在沼泽里，他们所开的两辆车互相救援。在看到一辆车在悬崖上被斜着弹跳起来的一个画面，我和几位女观众都失声惊呼。

所幸，车在崖边上正了过来，没有翻下去。

我知道，在那样的高原荒漠上，生命是很脆弱的，人要翘掉也是很容易的。在这里，就显出了杨勇不单是个环保人士，他还是个探险的勇士。我开始琢磨杨勇这个人。

二十年前，他那时多么年轻，漂长江，插红旗，他那时就只是个热血青年。如果他就停留在漂流、攀登之类的冒险中，停留在青春中，就算把全世界的大河都漂完了，把每个洲的高峰都登过了，然后呢？这样的人是有不少的，有的人足迹印遍地球，心灵却永是那么狭窄。但杨勇是一直在往前走，他成长了。从他把环境保护纳入思考起，他有了别的研究者都不具备的优势：行动力。

所以，在这部纪录片里，他拍到了许多科学家尚未发现的，新生的沙漠。也正因为这行动力，这部片子才这么让人震撼。

只是，我仍旧担心这部片子的传播，以及是否会对重要的人士产生影响。

个人的力量能有多大作用，我不知道。杨勇他们的这番心血，能有多大作用，谁也不知道。但这么做了，就是一名真正的勇士，尽了自己的努力，保卫自己的家园。

平常日子的诗意

去美术馆看杜泳樵的画展。

美术界的大脑壳（大脑壳，四川俚语，意为大佬）来了一圈。何多苓、罗中立、张晓刚、周春芽、程丛林……

美术馆太小，小小的外厅，还兼着书画用品的卖场。人却太多了，老中青三代艺青，挤做一团。天大热，热气从一个人的口中呼出来，又被另一个人吸进去。

第一次在成都看到艺术展览有这么多人来。这么挤、这么杂的人。平时，一般的展览，哪会有老少齐来的阵仗？

开幕式讲话的人，都被众脑壳和众相机挡住了，我只听得那些艺术界的大佬们，一个个恭敬地叫着“杜老师”。

杜泳樵是他们共同的老师，当年在川美读书的时候，杜泳樵就算那里最牛的大师。

上一年，我因为杜泳樵妻子的原因，去到他的家里，看到过他正创作的一些风景油画。当时，就觉得，他把国画的意韵画进西画里了。因为杜泳樵年轻的妻子实在是个个性十足的女人，她也在画画，热情洋溢地向我们推荐她的各个时期的作品，我们当时完全被她的性格吸引住了，杜的作品倒没来得及多看几幅。

前几天，恰好听到何多苓的学生在私下讲，何多苓和另几位大师，一旦画风景，就带上了杜老的影子。

这我倒不以为然，何多苓的风景一向有俄罗斯的调调，冷，而且抒情。只有这抒情的这一点，可能和杜泳樵有相通的地方。

展览剪了彩后，外厅的人一下子涌进了大厅。大厅也显得那么小，那么局促。人那么多，更重要的是画作那么多。

无数的人举着相机，在里面闪来闪去，这似乎是最能够和观众交流的一个展览了。没有当代艺术惯常的距离感。

展览中杜泳樵的画作大都是近几年的，多数是四川的风景。小街小巷，市场棚屋。这部分画作特别让我心驰神往，我也喜欢四川的这些小景致，也特别喜欢去画它们。可成都平原的天气总是很暧昧，雨啊、雾啊、阴天啊，我常常对着画本发呆，我没有办法捕捉到那些细微的感觉，那种细致的光啊影啊……我甚至在想，也许我应该去云南、西昌画画，那里天高气爽，阳光明媚，就像法国南部，光啊影啊，节奏分明，就好表现了。

可杜泳樵真的就把这最困难最细节的暧昧成都表达出来了。他有极强的光影色彩的把握能力，再微妙的变化，他都能捕捉。这些我们日常所见，在画笔下清晰可见的时候，一下子显得特别的温暖和诗意。

这诗意，就是平常日子的诗意，最有牵动人心的力量。

画展的前言有杜泳樵的自述，也有大佬学生们的文章。我看见学生们尊敬地评价他是天才大师。我觉得此言不虚。杜泳樵自己在前言中说，自己人直，不会处事，只会画画，画画就高兴。我从他仔细描述的那些很日常的风景中，真是能感觉到一个喜欢观察眼前世界的人，他画着，就是高兴。这跟现在美术界的滚滚洪流是完全不相干的。

这个展览还有个最特别的地方。杜泳樵得了重病，这个展览是他最后的心愿。他的妻子和各方都不忌讳谈这个事情，都明白，杜老不久于人世。此时，他的心情如何，我很难揣摩。

从诗歌到时评，以前倾的姿态

在灯光昏暗的小房子酒吧，长平说：“这个想法起源于去年，翟永明对我说，朗诵，不止可以是诗歌，作品都可以朗诵，比如你，可以朗诵时评……我想了很久，所以，我决定在后天要参加的传媒大会上的发言，就是朗诵时评，这样，既解决了我不擅公共场合讲话的问题，又能表达我的意思。……这次看奥巴马的演讲，也让我想到这些。中国以前也有演讲传统的，但现在断了，朗诵时评是个起点……时评是公开发表的，所以，每个人都可以公开朗诵，我还希望在更广的范围推广，年轻人都可以开展，从朗诵时评开始……将来我的儿子，至少我的孙子可以享受演讲的快乐，现在我们要从朗诵时评开始……”

一群老友拍手称好，我提议那不用等到大会，我们先搞一个小型的，明天就搞。我马上打电话给翟永明，翟永明一听，非常爽快，约好第二天，在白夜举行第一届时评朗诵会。

第二天下午三点，在新白夜坐下，天光穿过屋顶的玻璃，照亮了这十二个人。这些人，都是多年的老友，最早的已经相识了十九年。

作家文迪主持，他为这个筹备匆忙的朗诵会命名为：“从诗歌到时评，以前倾的姿态”。文迪向长平表示感谢。今年，因为一篇文章，长平的处境艰难，但他顶住压力，最早在公开媒体上为成都的环保问题呼吁。

长平也有一段开场白，他拿起话筒，向在座的挥手，模仿奥巴马的演讲，向朋友们致意，向翟永明致谢，他说：能提出这样想法的诗人，必定有着宽广的胸怀。他同时解释，这些年为什么一直在写时评。他说，时评，跟在座的作家和诗人的作品不同，文字粗糙，讲的都是常识，是针对普通读者，相当于在人群中，在大街上呼号呐喊。大家理解，这是他的自谦，同时，也是他的一片苦心，他作为一个有良知的媒体人、知识分子，身体力行，不厌其烦地，向着大众讲最基本的东西。这也是他非常让人敬佩的地方，也是大多数知识分子做不到的地方。

他的声音恳切有力，和他的文字一样打动人。我们都发现，用这样的声音进行时评朗诵，是完全成立的。它不同于朗诵表演者的节目，它不只有形式，有声音，更有内容，它促使你倾听，同时思考。

阿潘朗诵的是长平的一篇时评：《纪念王小波 争做自由人》。后来燕明也朗诵了这一篇，不同的是用的乐山话。我们发现，用乐山话，朗诵时评也非常好。这听起来朴素诚挚，照顾了每个最普通的人，似乎在写作时，就用的是乐山话。

燕明朗诵道：“……自由并不是在一条道路的尽头等待我们的花园，自由只能是这条道路本身。因此，在追求自由的道路上，并没有一劳永逸的时候。王小波的价值在于，他让我们看到自由的真相：既理性又激情，既现实又浪漫，既精英又平民，既深刻又有趣，自由是多么美好。”

翟永明和文迪，朗诵的是诗歌。由叶朗诵的是她写在杂志上的主编留言。

西闪朗诵的是他的一篇书评《规划与统计：独裁的视角》。

大家发现，今天朗诵的，无论是诗歌还是书评，还是卷首语，其实都是时评。翟永明也讲，她的诗，最近的也是在关注这些。

在这块土地上，无论关注什么，必定要关注到时事。

我读了我小说的一个章节，以此纪念我们几位老友共事的一段经历。

我对他们说：“今年发生了很多的事情，很多艰难和压力，我非常骄傲的是我拥有你们，我们一直在一起，一起往前走。你们没有辜负我，我也没有辜负你们。”

其实这心意，不说出来彼此也明白。但要说出来，我希望表达我的感激。

我们相约，明年，长平再回故乡，再搞我们第二届时评朗诵会。

第二章

每个人都属于适爱人群

每个人都属于适爱人群

昨天看的短片集《巴黎，我爱你》。

从当年看《十分钟年华老去》开始，我就喜欢看短片。

短片犹如小小说，在几分钟之间，要讲一个抓住人的故事。只有讲得好，才能让人明白，打动，并且记住。

这很难的。不像一般电影，有一两个小时，来渲染讲述，来强求观众进入。

短片一般是每个导演各拍一个，然后放一起，更容易比较出每个人的才华能力。

所以，这些年，还是看了好些短片的。

但短片集很难部部出彩，一个合集看下来，一般能记住一两个。有时，看着看着就累了，于是放下，第二天再接着看。

但《巴黎，我爱你》很难得，整个集子里，二十个短片，其中有十九个故事。

我不单一口气看完，看完还清晰地记得好些个。

到今天，回想一下，那些故事依然清晰。

能让我这么记得的短片集，这算是第一个。

喜欢其中一个故事：丈夫爱上了别人，越来越受不了老婆，准备和老婆摊牌，谁知还没说出口，老婆先哭了起来，老婆刚刚被诊出白血病。于是，丈夫想着，反正每件事情都可能是最后一次，忍一忍，对老婆好，跟她说话，为她念小说……装成很爱她的样子，于是，爱的感觉回来了……当老婆去世多年，那种爱人离去的伤痛都一直跟随着他，看见穿着老婆那样红外套的身影，都会心里一动。

还喜欢一个关于小丑的短片。小丑四处给人带来欢笑，在大街上，表演着哑剧，别人却冷眼看着，别人都过着拥有伴侣的生活。小丑在街椅上坐着，表演相拥，其实只是自我抚摸。小丑被警察拘留，却意外地发现一个女小丑。他们激情地表演镜中人，被警察赶出来。两个小丑珠联璧合……这个短片演得精彩，这么一解释，反而不及了。

喜欢最后一个短片。一个肥胖苍老的外国女游客，长得像苏珊大妈那样的，离开了旅行团，一个人去吃饭，一个人去逛名胜，看到萨特和波伏瓦的墓，从巴黎铁塔上看巴黎……想起多年前的人，甚至想起多年前一个男友想来巴黎。眼前她是孤单的，坐在公园边的长椅上，拿出自己精心准备的三明治，忽然她觉得很感动，为了这一刻。

还有个短片，也拍得极有趣，外国男游客在地铁，拿出旅游指南来读，正读到指南上说，在巴黎地铁，不要盯着人看，于是一抬头，就看见铁轨对面有对男女亲热。多看了一眼，于是男子高声骂起来，女子相劝，结果两人吵起来。火车过后，女子已到身边，抓住外国游客就吻。外国游客正晕呢，指南上又没说过这种情况。忽然男子也到了，几拳把他打翻。这对男女互道爱你，搂着走了……

另外还有好多故事都记得。比如像离婚多年的老年夫妻见面。前夫对前妻说，正为现在的妻子想生小孩苦恼。前妻说，你没告诉她，我们都有孙子了？前妻复又安慰前夫。

又比如，几个小伙子在街边骚扰女孩。一个戴头巾的伊斯兰女孩摔倒了，其中一个小伙子扶起了她，慢慢地两人开始说话，好感萌发。

再比如，一个小伙子对另一个小伙子热情无比，说了好多，说，你有没有想到有一天碰到一个跟你很像的人，就像另一个你？另一个小伙子默默地看着对方。他其实是个外国人，听不懂法语……

守广场地下车库的非洲裔，跑去追另一个非洲裔女孩，想对她说，我们喝杯咖啡吧。结果没找到女孩，丢了工作，在广场被人刺伤，那女孩却来了，原来她是个女警察，他最后终于说：我们喝杯咖啡吧……

差不多所有的故事都与爱有关。

法国人天生比别人更有爱的能力。这些故事，都有趣，不重样。每个人都那么自然，自然地去爱。

为什么中国人不容易讲好爱的故事，我觉得是中国人真缺乏爱的能力。没这个能力，就没法相信爱。不相信爱，怎么去爱呢。讲一个男女故事，讲出来的往往只有计较。

这是传统。

我们都说法国人浪漫，从这部电影上看，其实是他们爱的心态放得开。愿意付出，愿意爱。我们这儿恋爱讲适婚人群，适婚年龄。就说明，不在此列的，恋爱都是不宜的。不仅不宜，甚至是不经济，不聪明，不道德的。

大约在法国，只有适爱人群。而这个人群是所有的人。每个人都属于适爱人群，那么每个人遇见爱的概率就大了多少倍啊。

法国人真幸福。

伟大的友谊或者爱情

非常喜爱王小波的小说。喜爱他的文字，幽默，智慧，同时男性气质十足，我自己把这种的文字命名为性感的文字。也喜爱他小说的意境，以及那种超越凡尘的想象力。

他的小说，我最偏爱的是《黄金时代》，重读此篇对我来说是经常的事，每一次都会读出不同的感受。

正巧这次读它的前一天，和几个女友聊到什么是爱情的问题，我当时有些不同的意见，重读此篇的时候，有些看法就更明晰了。

女友阿明说起另一女子的爱情，讲起爱情如此如此地摧毁掉一个女人的一切，她的尊严，她的生活，而她仍如飞蛾扑火般不顾一切，绝望地和那男子纠缠，甚至不惜用正常人不耻的手段，而那男子早已有了另外的爱人，非常想跟她了断。

几个女友点头附和，她们也认为不是如此的惨烈，哪能算得上真正的爱情。

对此我深表怀疑。

《黄金时代》里的王二和陈清扬开始一直讲的是伟大的友谊。他们不说爱情，说的是伟大的友谊。因为这伟大的友谊是建立在自由、理解、沟通，肯为对方牺牲，这像一种没有性别的兄弟义气，但又因为有了性别的差异就演化得更为复杂动人。

王二说："在我看来，义气就是江湖好汉中那种伟大的友谊。……我也像那些草莽英雄，什么都不信，唯一不能违背的就是义气。只要你是我的朋友，哪怕你十恶不赦，为天地所不容，我也要站到你身边。"

义气对于我们的社会是个奇怪的东西。一方面，正统的教育是要大家大义灭亲，另一方面，大家又向往那种江湖上的侠义精神。

我想到福斯特说："如果要让我有一个什么信仰，我愿意信仰朋友，如果要让我背叛国家或朋友中的一个，我宁愿背叛国家。"这讲的就是义气。

义气是如此的重要，完全可以拿来当作信仰的。王小波设想的最美好的爱情也就是这种东西。可以为之奉献，为之牺牲，是完全的信任。这种信任只会建立在精神上的高度沟通与认同上。也因此可以认为，如果两人的价值观不同是不会有这种"伟大的友谊"的。

我想起女友普遍推崇的那种爱情，那种鱼死网破的精神，其实说穿了不过是一些自尊心、虚荣心、占有欲等等在作祟，甚至还有更可怕的东西。这两日看香港女导演的纪录片《女人那话儿》，有好几个女人就在镜头前谈到，如果她们所爱的男人抛弃了她们，她们就会祈祷让那男人倒霉，让他们失去他们最看重的东西。

这种私欲，表现出的只是人的更动物的那一面。就算我们每人都不能做圣徒，但至少在精神上应该有些高的向往吧，至少应该尽力在爱的上面高尚些吧。就算无法克制自己的复仇欲望，也应该明白，以前的那是爱情，现在的这些纠缠，这些骚扰只是出于人的本能，而不要宣称这是因为爱情。

看到这些可怕的爱情宣言，就明白以前不能想象的夫妻互相出卖是怎么回事了。夫妻间还未必一定有爱情，但现在还有许多人会以爱情的名义去做不亚于出卖的事。

我觉得许多人其实对那种超越功利的义气是非常向往的，如果这种情感还是在男女之间就更为珍贵了。要知道，许多人都在讲男女是天生的敌人。

如果男女之间可以超越功利，能够完全信任，完全沟通，由于这种信任可以让你为对方付出一切在所不惜，这就是王二和陈清扬的伟大的友谊，这就是爱情的最高形式，是人最自由美好的情感。

而这种真正自由的精神，这种无畏的牺牲精神，彻底的担待，正是小说中那代表统治者的团长、人保组等等最害怕的罪孽。

如果信仰爱情，就应该信仰这样的爱情，我相信信仰这种“伟大的友谊”，才会领受上天的赐予。

就像书中的结束部分：

“陈清扬说，那一刻她感到浑身无力，就瘫软下来，挂在我肩上。那一刻她觉得如春藤绕树，小鸟依人。她再也不想理会别的事，而且在那一瞬间把一切都遗忘了。在那一瞬间她爱上了我，而且永远不能改变。”

我口讲我心

女友小乐对她的儿子说：你要在可能的情况下，尽力帮助别人。八岁的儿子说，我其实一生下来就想帮助别人，只是经常不好意思。

小乐就想到一件事，我们为什么不好意思对别人表达善意？

小乐和我们几个女友讲起这事的时候，每人都想起了一些事情。我们最容易在做我们觉得应该做的事情上怯懦。红桃讲起，她常不好意思在车上让座，因为一让座就会被满车的人注视。

红桃平时给人感觉是个开朗的、无禁忌的女子，但她却会为做一件善事不好意思。

让座于我，倒没有特殊感觉。我却对另一件事情多年了都耿耿于怀。那是我在一家新开张的面馆吃面，面馆里只有我一个顾客。门口有一个人非常犹豫，看得出那是一张饥饿的脸，也是一张害羞的脸。我想他是想乞讨一点吃的，看得出来他绝不是一个职业的乞丐。这之前，我采访过一个流落城市，没有讨到工钱，饿了好几天的民工，那表情是相似的。我想，我应该叫他过来吃碗面。就在此时，店里的服务员发现了停留在门口的他，几个人马上扑出门外，把他哄走了。服务员之后殷勤地看着我，因为我是他们第一个顾客，他们觉得他们是为我而做。我当时却涨红了脸，我为自己没能反对他们，站起来，把他叫进来吃一碗面而羞愧。我犹豫了一会儿，终于鼓足勇气走出门外，我想把他叫住，他却早已不在那儿了。这件事让我一直介怀，我想那么一件小事，怎么我就这么难做到，这件事也许对于那个人，是解决几天的饥饿，也许更是重新树立一点对城市对他人的信心。

我们谈起这些的时候，都想到了对东方人来说，情感表达最容易成为难题。

《圣经》里，亚当说夏娃，“是我的骨中骨，肉中肉”。一位女友在读到的时候就说，呀，好肉麻。她说，换了我，怎么能想象对爱人说什么“骨中骨，肉中肉”？

那东方人怎么说？我想起，有个女友曾经讲过，她不能想象用方言怎么说“我爱你”三个字，她觉得太可笑了。这种论调我不止一次听到过，甚至有人不好意思用中文表达这三个字。他们用英文，特别是写信的时候，签名时写上一句外语的“我爱你”“你的某某”，这样程式化的文体就掩盖了表达的脸红。普通话的“我爱你”因为有很多文艺电影的范例，所以在恋人的对话中，说一句普通话的“我爱你”要轻松一点，因为这仿佛只是借用了别人的一句台词。

我在北京的时候，有许多同事，都喜欢把“宝贝”挂在口中，搞笑地把熟人朋友都称为“宝贝”，这样，对爱人再称呼“宝贝”的时候，他们就大胆多了。

我们在最需要严肃正经的时候，我们就不好意思，我们就只能以解构的方式来表达。对人人都呼“宝贝”，也就能把爱人呼为“宝贝”。可每个人自己都愿意，自己是爱人唯一的宝贝。

许多人一直不肯对自己的爱人说“我爱你”，其实自己和爱人都想知道对方是不是爱自己。有的人缺乏表达情感的勇气，偏要强词夺理，说：“真正的爱是不能讲出来的。”我觉得他们心里也一定会歉疚，对爱人的这种歉疚，一定更胜过前面讲过的我或者红桃的内疚。

与其心里一直放不下，不好意思，不如放了胆，对爱人说“我爱你”。

我口讲我心。这是语言最重要最基本的功能。

爱情与信仰

当代艺术不再讲爱情，不再表现美好的情感，它喜欢的是强烈的感官刺激，喜欢的是极端和晦涩，或者符号化的直白。前一阵，到广州，见到老画家林墉。他历经一次大手术，从死神手里逃了回来。此后，他的画风大变，作画为文都更加透彻。说到当代艺术中的审丑追求，他说："艺术家连美不美都不想一想，真是没良心。知道这个世界没有多少美，才应该表现美。"我就想到了文学，幸好当代文学并不如此。

当代文学不放弃各个维度的追求，这其中也包含了对爱情的描摹和挖掘。而且，爱情这一块，永远在文学中占有着极大的分量，因为这里面最能体现人性。当代小说对爱情的表现，跟传统小说不同的是，它愿意把爱情做更复杂的探讨，从中窥见广阔的世界和深邃的人性。

这对于一个爱文学的人来说，真是安慰。

所以很早我便起了心，记录下那些打动我的当代文学中的爱情，试图梳理一下，这些爱情的类型、方式或者其他，或许，我们可以从中看到这个世界的变化和恒久。

要说到当代小说中的爱情，我认为最应该从巴西作家保罗·科埃略的《我坐在彼德拉河畔哭泣》说起。

这本书未见得是作家本人最好的小说，也更不能说是当代文学最重要的作品。但这本书，却是非常典型的一本谈爱情的小说，整本小说只在描写一场七天的恋爱，情节不复杂，但这本小说的魅力却是不能忽视的。在巴西国内，从1994年至1996年两三年间，就印了71个版次。在台湾从1998年至1999年，发行了十余万册。它被许多读者奉为爱情圣经。

小说通过女主人公皮拉尔的自述展开。29岁的她重逢分别十一年的青梅竹马。儿时的男友已经成为神学院的学生，受人爱戴的能制造奇迹的布道者。此前，29岁的她经历了一些世俗生活，过着一成不变的日子，计划着现实的未来。此时，她遇见了生活完全精神化的男友，在跟随男友布道的几天里，她在世俗生活里沉睡的心一点点苏醒，是被精神和信仰唤醒的，同时，她燃起了炽热的爱情，最终，为了这爱情，她勇敢地去追求。

作家刻画心理的能力极强，所以，在阅读过程中，读者极易代入，恍如自己就是那个从平静理智到激情万丈的主人公。但并不止是因为这点就能打动那么多读者，更重要的是，作家在讨论爱情的时候，他也是在讨论信仰，讨论爱情中两个人的精神世界的相交相融。作家提出，真爱，必须有共通的精神信仰作为基础。如果一方放弃，恋爱的堡垒是会崩溃的。

这部完全在讲一个爱情故事的小说，最终落脚点却是人的精神信仰问题。

我想，这才是引起共鸣的要点。在当代小说里，爱情，不仅仅只是爱情，它和传统文学，和当代艺术，在这一点上，就有了明确的分野。

如香颂美好

此刻，我正在听一张碟。歌声温柔缠绵，婉转动听，洋溢着单纯的喜悦。

是小野丽莎演唱的一张法语歌曲，碟名叫《左岸香颂》。因为很久没有这么打动我的歌曲，于是我开始翻看歌词译文。原来这些歌词也像乐曲一样纯粹和美好，这让我很惊讶。

第一首歌叫作《如此美好》。歌词开始是这样的："如此美好/可以爱到哪就到哪/口中哼着歌曲/尽情地拥抱/可以说着温柔的字眼/那些微不足道的话/却可以说很久很久……"歌词细腻地描述两人热恋的琐碎细节，非常幸福美好，如果不是文章的篇幅所限，我恨不能全部引述一遍。

这首歌这样描摹热恋，打动我，同时让我惊讶。为什么？因为我太久没有接触过这样描写爱情的东西。不管是电影还是歌曲，是绘画或者诗歌，或者小说。

香颂，专指法国流行歌曲，其实占主要内容的还是歌颂爱情的歌曲。我因此联想到我们平时所能接触到的流行歌曲。其实我们汉语的流行歌曲里，爱情也占着主要份额，但是我们新的歌曲里关于爱情的内容却越来越缺少甜蜜，单恋的、失恋的、苦恋的内容成了主流。甚至有的歌手，就是以这种苦兮兮的调调走红。在演唱会上，在热烈的气氛中，歌星在台上挥着手，兴高采烈地唱着关于苦情的歌曲，台下万头攒动，众口一词，共同唱和。其情其景，非常怪诞。

不止流行歌曲如此，文学或者艺术，更是如此。

我以前就发现了当代艺术，是绝对不表现单纯的爱情的，如果谁还在以爱情为主题绘画，一定是非常的落伍。就算非得以爱情为主题，那也一定是带有讽刺意味地表现爱情。诗歌也是如此，就好像一旦描写爱情幸福，就变成了大学生的情诗，不能称为文学作品。

小说倒是有描写爱情的，那又被打入了言情小说的行列，为高雅人士所不齿，而且的确严肃作家是不去写这个的。

有一次，一个海外的出版社约一个作家朋友写一本小说，要求是，长篇，关于爱情，但不能有畸恋，不能有婚外恋，结局要圆满。我和其他写作的朋友听到这个要求都觉得这是不可能完成的任务。如果没有畸恋，没有婚外恋，而要是一个幸福圆满的爱情故事，如何能成就一个长篇？后来那个朋友费尽心思，在他构造的小说里，把主人公安排成一对夫妻，这样便不是畸恋，也不是婚外恋了，但要够曲折，够字数，结果够圆满，他只好把这对夫妻搞得在全国展开了互相追踪，一个地方接着一个地方的旅行，终于完成了长篇。

我知道这其中有一个这样的原因，因为大家现在动不动要讲现代意识，现代意识一讲，就得是复杂的，痛苦的，矛盾的，解构的。而那简单清浅的，田园牧歌似的情怀就是很幼稚的了，称不上伟大的作品。所以在艺术家的带领下，人们一起开始追逐那种痛苦的爱情。

如果光是在审美范围内如此，也就罢了。我发现，这渐渐地影响到我们对爱情的真正看法。

前一段，听说一个有为青年从广州某单位跳槽来成都某单位。因为后一个单位远不如前者，所以猜测丛生，我也跟旁人一样，以为他是因为这边有重金相酬，抑或有高位相候。后来知道了谜底，原来很简单，只是因为爱情，他爱上了成都女孩，所以要来成都工作。这个简单的原因，却没有一个人猜中。

我听到答案的时候，也如今天听到《左岸香颂》时一样吃惊。其实我本是一个笃信爱情的人，但也在长期的熏染中，喜欢把情感复杂化，丧失了直觉，丧失了对简单的信仰。爱情就应该回归它本来的样子，像法国香颂一样，甜蜜，单纯，美好，不要讲什么深刻，什么后现代。如果爱情都充满苦难或者计算，人生还有什么希望。

温暖的老友

在看肥皂剧《老友记》的时候，忽然想起一个很多年前的疑问。这个问题就是关于异性之间的友谊。

最早想这个问题的时候大约是青春期，到大学的时候就经常跟男生讨论，异性之间有真正的友谊吗？那时，抓着男生使劲问，因为自己和女生们都觉得异性之间总该有些超越性别的纯洁友谊，那些男生们总是摇头，说没有。自己或其他女生总是睁着迷惘的眼睛，说，为什么？为什么你们总是想得那么复杂？

现在回想起那时，才觉得那时真是单纯而弱智。自己提问的对象都是对自己有想法的男生，当然，他们会说，没有，我对你的可不只是友谊。当然，那时可以提问的男性实在太少，围绕自己的实在是没有“纯友谊”。

那时不谙世事，觉得友谊的概念是非常伟大而神圣的，远远超过了爱情。而在那个年龄，男人们又总是太饥渴，才没时间去跟谁搞纯友谊呢。

直到有一天，自己成熟起来，不再问这种傻问题，身边倒是真有了一帮臭味相投的朋友。

这样的一帮朋友，男女混杂，其中有些人之间也有过暧昧，但处久了，把什么神秘都处掉了，性别感也没有了，真的成了一帮老友，很像《老友记》里那样。

大家经常在一起喝茶、泡吧、打球，无聊的时候我们陪他们一起去打台球，他们也会陪我们去吃冰淇淋，要不大家就一起玩白痴游戏。

他们会把情感上遇到的问题来问我们，希望得到女性的指点。我们也会把情感上的困扰讲给他们，希望能有另一个视角。有两个男性朋友，经常给我们讲他们的泡妞故事，当然是失败多于成功，搞笑成分极重。众女性朋友总是听得乐不可支，时常调侃他们。也有两个女性朋友，总是有很多眼泪，没办法向自己的男友倾倒，便锁定了他们，他们于是替一些不相干的同性承受了很多压力。

这种友谊的开初是有一些认同的，必是性情相投、价值观相当的男女，同时互相理解，奢求不多，相处轻松愉快，往后发展，保持一定的距离也是很重要的。大家君子之交，保持分寸，不苛责对方，不合则散。其实以前年龄小的时候，之所以不容易有这异性的友谊，也是因为不会掌握分寸，索取和付出都容易过量。

通常的说法是，男人和女人是完全不同的生物，所以相互理解是没可能的。但如果有这样一群老友，就会发现，男女之间也并非只有争斗，有时候，性别已经退到不重要的地方，老友间互相取暖，惺惺相惜。

这样的老友相处起来轻松温暖，性别成分也没有完全消失。他们待我们有男人的宽宏大量，我们待他们也有女人的细腻温柔。这种异性之间的友谊比许多情爱更滋补。情爱虽有更多的炽烈激情，但如果失控，杀伤力也是非常大的，搞不好就遍体鳞伤，需要用很长的时间修复。

像孩子那样去爱

有个朋友在网上倾诉她的焦虑，她小学一年级的女儿带回来一张纸条，纸条是同座的男生明明写的，前面内容很普通，结尾却写着：爱你的是明明。她想，女儿才七岁，就要担心她恋爱，是不是太早了。

很快有网友说服了她，那个网友说："一年级的小孩，好多字不会写，这个'爱'，应该是'挨'的意思，'爱你'是说'挨着你坐的意思'。"

这位母亲马上释然，她又看见好多安慰她的留言，都在说："一年级的小孩，哪里懂得什么爱不爱。"

孩子不懂爱不爱，这似乎是一种普遍的看法。我却看到国外一个机构做的小调查，向一群四到八岁的孩子提问：爱是什么？结果却非常出人意料。

八岁的女孩贝丽卡说："我奶奶得了关节炎，再也不能弯下来涂脚趾甲。于是我爷爷总是给她涂，甚至当他自己的手得了关节炎也是这样。这就是爱。"

七岁的诺艾尔说："爱就是当你告诉一个男孩你喜欢他的衬衫，他就每天都穿着它。"

六岁的克里希说："爱就是当你出去吃饭时，你把自己大部分薯条给某个人，而却并不在意他是不是也给你。"

四岁的女孩玛丽·安说："爱就是你一整天扔下你的小狗狗不管，而它却仍然舔你的脸的时候。"

四岁的男孩比利说："当有人爱上你，他说你名字的方式是不一样的。你就知道你的名字在他嘴里说出来感觉棒极了。"

像这样有趣的回答还有很多。这些问答不仅仅是有趣，是最简单的答案，也是最接近本质的答案。我看了这个调查，也很想去找我认识的儿童来问一问："什么是爱？"

成年人以为孩子不懂得爱，可能不懂得爱的倒是成年人。

现在流行成年人穿衣说话学儿童，看起来一个个嫩得如冬季大棚里的黄瓜，却都有着一颗精明而苍老的心，动不动计算得失，天真地以为机关巧用可以赢得幸福。他们没有儿童的好奇心，更不会像儿童一样舍得付出，在情感领域，只有付出才可能有收获，其实就是我们常说的"赤子之心"。

儿童对爱的理解简简单单，但爱其实就这么简单。

最近我在读台湾作家张大春的《认得几个字》。这本书里，张大春讲述他给他的一双儿女讲解一些汉字的由来。读这本书，长古文和汉字知识是一方面，更有趣的是看张大春和孩子的互动。

其中一个小故事是说，一年级的哥哥去到妹妹幼儿园的班上，公布说妹妹喜欢上了班上的谁谁谁。

家长和老师都担心，小女孩的秘密这样公布出来对女孩可不好。

小女儿却大方地说："没关系，我希望说出来，因为班上还有另一个女生喜欢他。这样让他们都知道。"

张大春还在担心，说："那他不喜欢你怎么办？"

小女儿说："这有什么关系，反正我长大了还会喜欢别人。"

这种坦荡与大方，让大人们吃惊和感动。这种不纠缠、懂得付出又懂得放下，正是成人应该向儿童学习的地方。

第三章

爱在路上

爱在路上

许久没有恋爱的女友问女友米猪，到哪里才会有下一场恋爱？米猪毫不犹豫地说：去旅游。女友说，我旅游过呀，并没有碰到什么？米猪说：那就再去，多去，久走夜路必撞鬼。

我们都是这么认为的，在旅行中开展一场恋爱最容易。

单身的人出门旅游，最易感觉孤独，需要人分享所看所感，需要结伴去克服艰难，需要人帮自己按下相机快门，拍下自己的到此一游。单身出门的时候，心态最是开放，看见别人困难就忍不住要伸手去搭一把力。如果这时再看见另一个单身出行的人，马上引为同道，如果对方还是异性，更要引为知己了。

所以单身出门的人，多是抱着某些幻想的，觉得有一个与自己心心相印的人，也在路上。如果没有百分之九十，那也会有百分之八十。剩下的那百分之二十，嘴上不肯承认，心里也未必没有想法。

陌生人结伴旅游，大家行动多而言语少，仿佛是默契的感觉，因为和对方不熟，所以迁就多而苛求少，考虑对方的种种现实因素少，路途艰苦而景色壮丽，充满了浪漫的元素，所以相依相伴，同甘共苦，很容易就擦出了火。

我以前去松潘玩的时候，就跟着一支马帮进山。当地有两支马帮，一支由年轻的当地人组成，我们跟的是另一支由中老年人组成的马帮。很早就听说，很多来旅游的女子都爱上了那支年轻马帮里的成员，还有几个甚至嫁给了他们。我们跟着这支中老年马帮，也忽然理解了为什么有那么多的女子会在旅游时喜欢他们，因为在严峻的自然面前，这些马帮成员是那么自如强大，充满了男性魅力。

旅行会把人自然的东西表现得更充分，把后天教化得来的东西抛掉。

所以钱钟书在《围城》里有过一个著名论调，就是恋爱中的男女去经历一段艰苦旅途，最能看出本性。

有许多信了这个论调的人，就喜欢拖着恋人去跋山涉水，想在这其中考察对方。

这的确是个很有用的方法。跟单身旅行相反，这种与爱人结伴出游，不是去擦火花，而是去熄火。一个男人如果生活中没有承担的勇气，不果敢，不大方，无情趣，或者一个女人太娇气，太任性，不宽容，缺乏忍耐力，这在平时的恋爱中是不容易发现的。平时在城市里恋爱，只有烛光晚餐，电影大片，咖啡厅，酒吧……生活是以平和美好的姿态展现出来的，人也容易展现平和美好。但是旅途就不同了，旅途中充满了不可知的因素，仿佛一段浓缩的人生，两人最需要携手合力。这时，有什么不对都会暴露无遗。

所以最不好的旅行是蜜月旅行了。

再发现什么问题都晚了，每个人都不想刚刚结婚就离婚吧。所以蜜月旅行只能选择那种豪华旅行，阳光海滩，五星级酒店，让婚姻生活的开端很梦幻或者说很不真实，很不切实际。

制造娇妻

女人们如鲜花般可爱，她们穿得像芭比娃娃，擅长烹饪精致可口的饭菜，把房间打理得干净整齐，在床上，她们极尽所能满足丈夫，而在旁人面前，她们对丈夫言听计从，乖巧温顺。这是多少男人的理想啊。

美国新片《制造娇妻》中，这个愿望就可以轻易实现了。

一群丈夫，长期被女强人妻子压抑，女强人妻子都是能干无比，挣得钱比丈夫多，职位比丈夫高，名声比丈夫显要。于是这些无法忍受的丈夫带着妻子迁居到一个地方，这个地方男人们有个秘密的会所，他们在会所里把妻子变成了机器人的身体，头脑里植入了几块芯片，这些芯片把妻子们改造成了理想的老婆。

女人的理想可不是这个。

女人希望在现代社会中，自己各方面都比男人强，自主自立，身体健壮，情感坚强。把男人和女人分别放入国王一般的拥有很多异性的生活中，男人出来时，说，女人，我想要的还是你。女人出来的时候说，男人，我爱的是你，但我愿意要更多的生活，我可以。

这个故事是这部电影的开头，最后男人被逼疯了，只好拿着枪去枪杀女人和她的新欢们。

导演了这一幕的女电视节目主持人被丈夫带到了小城。

曾经声名远播的女主持人在这座小城的主妇们的带动下，决心做一个好的妻子，她开始学习做饭，学习料理家务。但她发现了这座小城的秘密，就是这些好妻子们都只有一种表情，只有一种语气，只有一种想法。

因为好妻子用的是同一套程序。

电影的最后，女主持人的丈夫最终没有把妻子变成机器人，他说他不想和程序结婚，他毁掉了对那些好妻子们的总控制。众多的机器人妻子终于变回了女强人妻子。

在她们的控制下，丈夫们和她们调换了角色，丈夫们辛勤地做着家务。在超市里，扩音器说，不要交头接耳，认真购物。于是聚在一起抱怨的丈夫们又奋力地推着购物车，严肃认真地选购起家庭用品来。

看到这个地方，我笑得都要从沙发上掉了下来。西门家的人严肃地说，这个片子不好。

这一定是个女权主义导演拍的片子。导演把男权和女权的斗争喜剧化了，简化了，差不多就只变成了做不做饭的问题。问题虽然简化了，但的确是男权和女权矛盾的焦点。

也就是我们传统中说的“男主外，女主内”的问题。

问题虽然简单，但的确成为男女之间日益棘手的问题。女人介入社会越来越深，谁最后退回到家庭呢?

我知道，很多人在婚前会相互约定，哪些家务男人做，哪些家务女人做。但一个家庭终究是需要有人付出更多的，这没办法用一张分工表就能做得平衡。于是男权主义者认为要女人牺牲，女权主义者的认识相反。

网上有个著名的女子，她每日研究菜谱，给丈夫做出可口的饭菜，等着丈夫回家。她拍下她做的美食，发到网上，写成网上最著名的博客，许多网友每日追着看，追着学，拿她当了楷模。一天，她生理期，肚痛，她央求丈夫给她烧点开水，暖一下肚子。丈夫很少做家务，十分懒惰，不愿烧水，说，等会儿我们出去喝咖啡就行了。

她非常伤心，把此事写到网上，网上于是一片讨伐之声。丈夫过后还是有所省悟，开始学着做点简单的东西给妻子。当然不会好吃，但这女子已经十分感动。

看来，这种家务的矛盾最后也只有爱才能化解。相爱的人，就计算不了谁牺牲大，谁付出多了。

就像电影里女主人公问要把女人变成机器人的男人们："机器人会说：我爱你吗？它是真心的吗？"男主人公和女主人公离开那座小城，去过他们以往的生活，他们说："这不是完美的问题。"

男人和女人之间不会有完美的生活，我们最多只会有相爱的生活。

双生花结果

女友丁丁出版了长篇小说。我们共同的男性朋友老狸打电话说，丁丁在小说中说了你好多坏话。丁丁是我十年前最好的朋友，我们知己知彼，共同面对着成长期青春期恋爱期的快乐和烦恼。

但由于我离开那座城市，我们失去联系很长时间了。我去买了丁丁的书回来看。

小说里的主人公果然是两个女孩。一个是感性的女孩，懵懂无知地投入了两性的世界，在男人那儿经历挫败痛苦，伤痕累累。另一个是理性的女孩，在单位中工作中寻找自己的位置。两个女孩互相激励互相安慰，一点点地经历成长。

我看着书中的情节，好多是我和丁丁共同经历的事情，可那里面其实并没有我，那里面两个女孩其实都是丁丁自己。

感性的和理性的，是女人的两个面，丁丁在小说中，以两个身份交替出现，到了小说最后，感性的女孩死去，理性的女孩成熟了。两个女孩犹如一枝双生花，随着时间的流逝，一朵凋谢了，一朵结了果。

我不明白老狸怎么认为两个女孩中有一个是被褒，一个是被贬。老狸是一个学识比生活多的男人，是个道德高尚，在我们当时的圈子里罕见的好男人，也许正因为如此，也是当时那个圈子里罕见的光棍汉。我不知道他认为是那个情感上总是受伤害，经历了一个又一个男人的女孩不对，还是那个理性得不肯投入，不肯付出的女孩不好。

其实，我认为，女人在女孩时期，都有着这样的两面。一方面，女孩被情感被激素被男人卷进旋涡，不能自拔，另一方面，女孩又会患得患失，想尽快摆脱困境，想成为一个有把握力的成熟女人。

小说的结尾，感性的女孩和理性的女孩合为一体，感性消失，理性长大，女孩成了成熟强大的一个女人。

这是人们最习惯接受的结果，理应如此的结果。

经历了一段段情感，一个个男人，一桩桩挫折，女人终于成熟了，成为长袖善舞，能把握命运把握男人的女人。

其实不单是丁丁的小说，其他女作家的作品都喜欢给这样的一个结果，光明的未来啊。这几乎都成了模式。

女人都以这样的一个构想来安慰自己吧，经历了动荡不安的青春，混乱无助的爱情，最后总能抵达一个自由自在的得意境界。

感性被很多女人认为是带来情感灾难的原因，而总有一天，理性会占了上风，那时，就可修成正果，逃出生天了。

但我对此十分地怀疑。

我听一个四十多岁的女子讲，无论修炼得如何好，如何把自己严严实实地包裹起来，一旦陷入恋爱，再厚实的外壳一样会马上被打碎，又马上掉进期盼、猜疑、欢乐与泪水中，跟二十来岁的时候并无二致。

只要你还会恋爱，还能恋爱，软肋还是软肋，感性的人还是感性的人，理性与感性这对双生花的矛盾一直会存在，无论是二十还是四十，永远修不成正果。经历能让我们学会的，最多是一些相处之道，一些对缺憾的容忍。命运是吝啬的，能收到这点礼物就不错了。

当爱情暗度陈仓

暗度陈仓的爱情容易发生在单相思的恋人身上。

羞涩的恋人没有勇气表白，只好远远地观察对方，找一些莫名的借口接近他（她）。

最戏剧的如电影《重庆森林》里的大陆妹王菲。

她在街头跟小警察梁朝伟打招呼。“嗨，这么巧。”“是啊，这么巧。”其实哪里是巧。暗恋中的王菲早已潜入了梁朝伟的家，帮他做清洁，洗衣服，喂金鱼，换香皂。梁朝伟还茫然无知的时候，王菲已经完全体会到了恋爱的快乐。就像钱钟书在《围城》，曾借方鸿渐的口感叹说，当爱上一个人的时候，恨不得变成她的牙刷，每日与她的贝齿相亲。

当爱情变得不可为、不可说的时候，暗度陈仓倒是一个非常有效的策略。

而爱情遭遇不可为的境地，实在是很平常的事情。在王小波的小说《黄金时代》里，爱情就是不可为、不可说的。在那样的年代，在那样的环境，一个姑娘因为长得比别人漂亮就会被命名为“破鞋”，当然，谈什么爱情更是大逆不道的。于是王二找陈清扬打针，陈清扬找王二帮她证明她不是“破鞋”。既然陈清扬想证明自己不是

“破鞋”，那王二还是不要跟陈清扬讲什么男女之情的好。所以王二邀请陈清扬做倾心之谈，谈起了伟大的友谊。

“伟大的友谊”从此就像咒语一样迷住了陈清扬，她后来和王二一起被批斗，一起避世荒山，始终不曾后悔，他们把情浓似火的时刻也叫作“敦一敦伟大的友谊”。

友谊这个简单的词，在人性最受考验的年代，却可以成为心灵之间的桥梁。王小波一定是对此有最深的体悟，所以他小说中的爱情往往都是从一些别的地方开始，大家做的是其他的事情，谈的是其他的借口，最终到达的却是爱情。

比如《立新街甲一号》里，男女主人公的借口是为了共同分一套房子，《我的阴阳两界》里，小孙的借口是为“我”治阳痿，但读下来，读者最后都会为他们深切的爱情打动。甚至写同性恋恋情的《东宫西宫》里，主人公从恶作剧开始，到好奇到受诱惑，最后抵达的仍是最真挚的爱情。

阿莫多瓦的新片《对她说》里的爱情，也是标准的暗度陈仓，但最后却是一个伤感的结局。

男孩爱上了跳舞的女孩，女孩因车祸成了植物人，男孩去医院应征当了她的看护。他像一个恋人一样照料她，跟她讲话，并认为她对这一切都仍是有知觉的。女孩怀孕了，男孩进了监狱。男孩唯一离开监狱的方法是自杀，他选择了这种方法去和女孩相会。他不知女孩由于生产，已经从长睡中醒来。

当爱情要从其他途径抵达时，我们更能感受到其中真实的情意。暗度陈仓的爱情从日常语境日常生活中脱颖而出，最后以一种不可抗拒的力量击中对方。

这种感觉，古今无不同

这是一个 20 世纪 80 年代初期的爱情故事。久远的爱情。

书名就说明了这个——《1980 的情人》。

我读的时候，就一边在想，这个故事，不知能够赚得我的那位大朋友的多少唏嘘。

故事里的相识，缘于冰场滑冰，第二次见面是在莫斯科餐厅吃西餐……读到这里的时候，就忍不住想起王朔的小说，想起电视剧《与青春有关的日子》等等，我们对于北京八十年代初的想象，都有这些符号。

我自然就想到，这部小说读完我要借给我的一位大朋友。她生于 50 年代中期，和小说的主人公一样，是在八十年代初读大学、恋爱，她读这本书，一定能找到不少自己和同龄人的影子，一定有很多的感慨和怀念。

小说的作者也是这样的背景。于晓丹，女翻译家，80 年代初读大学，90 年代移居海外，曾任多年的内衣设计师，这是她第一部小说。最早把卡佛翻译进来的就是她。

也因为她这样的经历，便正好封存了对 80 年代最鲜活的记忆，没有被后来的二三十年冲淡印象。所以，她的小说里，才有着浓缩的时代气氛。贴面舞会、英语沙龙、友谊商店、凤凰自行车、蝴蝶缝纫机、偶像王心刚……

我前面提到的大朋友果然也被这小说击中，感动不已。她读完以后，便传给她一帮同龄的朋友，成为现在难得的高传阅率小说。以至现在我写这篇文章的时候，书都没有回到我的手上。

这位大朋友说："那时候我们的爱情就是这样。那个时代的爱情就是这样，因为许多原因，爱情被破坏。因为种种原因，情感很受限制和压抑，跟现在不同，没有后来年轻人自由。"

的确怀旧只是一方面，我对这本小说感兴趣的主要原因，还是因为它抒写的爱情。

小说中，在弟弟眼中优秀完美的哥哥一出场就死去了，于是，弟弟拼命想找出原因。他跟哥哥的女朋友深入交往下去，试图找到答案。从这里，就慢慢展开几段欲生欲死的恋情。有的深情致人死去，有的却让人欲死不能。

感动作者同龄人的纯粹而受阻隔的恋情，其实，同样能打动这个世纪的年轻人。这跟时代无关，跟那些浓缩的气氛和细节无关，爱情永远会制造出新的良辰美景，新的痛苦哀伤。

我前两天看见东方卫视一档心理情感栏目，看到一段真实故事。

女孩的父亲嫌男孩太穷，于是一对小恋人还在大学就决心为自己的未来储备，男孩开了个银行卡，两人命名为"月光宝盒"。男孩省吃俭用，努力赚钱，大学毕业两三年内，已经一点点积攒到六七万元。但女孩父亲并不知道这点，他私下找男孩谈话，告诉男孩，要让女孩幸福就该放手。男孩痛苦之中跟女孩分了手，把卡送给女孩，说这钱本来就是为女孩而攒。分手后，又继续往卡里存了十个月的钱，直到遇见新女友。女孩不知男孩分手原因，一直盼着男孩回心转意，悄悄借贷去购房装修，房间里摆上情侣牙刷情侣拖鞋，幻想着男孩能回来……

这个节目做到最后，男孩、女孩和父亲都哭作一团，但已经晚了，男孩不能回来，女孩苦苦哀求也没用。父亲最后哭着对女孩说："我错了。"

我看到这个故事的时候，就忍不住想到《1980 的情人》。故事的时代背景相去三十年，但因爱带来的欢喜和伤害是一样的，痴情和执着是一样的。

爱情故事的魅力也源于此。什么都可以变化，爱情的本质不会变，爱情的牵肠挂肚、爱恨痴缠不会变。

就像王小波在他的《青铜时代》——"立新街甲一号与昆仑奴"里爱用的一个句子"这种感觉，古今无不同"。

要嫁就嫁四川人

要不是这场地震，很多人都没意识到四川人这么优秀。我忽然想起，在十多年前，我年龄还小，在北京漂着，别人会问我，你想找哪里的人啊？我当时就回答，嫁人啊，当然要嫁四川人。

四川人的优点，平时我们能看见的是，勤劳聪明，懂生活疼女人。因为勤劳，四川有最浩荡的民工队伍。因为聪明有才华，这里是诗歌大省艺术大省。懂生活不用举例了，谁都知道川菜、火锅和茶馆。四川男人疼惜女人，许多男人都有一手好厨艺，他们追女孩的时候，会为女孩下厨，把女孩娶回家中，仍会为妻子分担家事，他们懂女人疼女人，没有愚蠢的“大男人”的臭架子。其实，他们才是真正的大男人。

真正的大男人就是这样的：重情重义。

地震之后，惊魂初定，四川人就排起了长队献血。好多人去晚一点，连队都排不上，只好第二天再去排。没多久，血库就贮满。没献上血的人只好做个登记，以便有需要的时候随时再来。做义工也是如此，每听到一个地方有需要，就有好多人赶去。往往赶到的时候，那里已经满员。

我女友的老公，一个忙于生意的人，平时对公益总是极不热心，他之前评论环保之事为“吃饱了”。女友是很失望的。谁知这次地震，他看了电视，挽起衣袖就去献血了。

自发地去灾区救援的个人也多，多到阻塞了交通。那些擅长自驾出游的人，就选择了晚上走小路，把自筹的救灾物资送过去。看起来似乎是杯水车薪，但他们去到的地方，往往是容易被忽视的小村落。

我有一个朋友，四川人，上大学就考到外地去了，然后一直在外地工作，二十年来，四川话都不熟练了。跟他交往，我早就忘记了他是四川人，平时我们对话总是说普通话。但前一阵，他开始为四川的环境呼吁，运用专业知识，有理有据，这一次，听到地震的消息，他第一时间赶回来，冲到了救灾第一线。

我明白，不管他在哪里，不管他说什么话，他都仍是个四川人。不是因为他为四川做这些才是四川人，而是他的这种热情忘我。

重庆人也是四川人。在我心中，四川人不是现在的这个行政区划决定的。四川人就是巴蜀这块土地，养育出来的。

我看到许多来自重庆的救灾自驾车。他们在车上贴着“川渝一家”、“血浓于水”。看着这两句话我格外感动。成都人和重庆人，表面上性格差异很大，两边总是打着嘴仗。其实，内里是一样的。不管平时是温婉或者火暴，但真正遇到事情，都一样会挺身而出，仗义相助，决不退缩。

这也让我想到了历史上赫赫有名的川军。川军坚韧执着，骁勇善战，永不言败。现在的四川人也有同样的品质。

四川的女人当然也很好。这次地震中，女人也和男人一样有情有义。但我从一个女人的角度来看，更觉得四川的男人真好，真是可爱。我庆幸我很早就明白了这一点，嫁给了一个优秀的四川男人。

第四章

听本能说话

听本能说话

最近我在读一本关于动物的书。动物行为学家康拉德·劳伦兹的《狗的家世》。

听起来好像只是讲关于狗的行为种种，其实我读出了许多让我吃惊的东西。

动物的本能许多跟人的某些东西是那样的接近，或者我们有时会把这些叫作人性。

劳伦兹发现，正常的雄性的狗不会咬同种类雌性的狗和年幼的狗，它们对雌性和孩子抱着一种骑士风范般的态度。但雌性的狗却可以向雄性的狗示爱，可以啃咬雄狗。即使雌狗咬得非常严重，雄狗也是不会想到要报复的，只能表现自己的敬意或礼貌性的态度，最多把雌狗的攻击当作游戏。为了维护雄性的尊严，雄狗最后能采取的手段是逃走，因为它实在太爱面子了。如果雄狗面对顽皮无赖的小狗，也会束手无措，面对它们的无礼啃咬，撒泼逗趣，雄狗也只能耐了性子陪着它们玩。

读到这些的时候，我对狗的敬意油然而生。

也许这些表现是一种本能吧。劳伦兹认为这是从远古那儿遗传下来的，他观察到狼就是如此。

但为什么这些东西如果表现在人的身上，我们就要称之为绅士风度？一定是因为许多的人连这些动物本能都没有了。我知道，在某一些地方，男人会以打老婆为荣，习惯于恃强凌弱，如果这成了他们的本能，或许在他们的祖先进化的漫长历史中，运用的是另一套生存法则？比如，以奴隶为妻？比如战胜者杀掉对方部落的男丁，占有对方的妇孺，以他们为奴为妻？所以打骂成了威慑和占有的标记？

相形之下，动物对妇孺尊重忍让的本能实在让人钦佩。

但动物的本能，有时又会以另一种让人啼笑皆非的面目出现。

劳伦兹发现，雌狗喜欢挑起雄狗之间的战争。他有一次看见，他养的一对狗有一次碰到了一只陌生的雄狗。两只雄狗互相威胁，陷入僵持状态，这只雌狗却悄悄走到自己老公身后，对着老公猛咬一口，于是这只雄狗认为自己被另外那只雄狗偷袭，盛怒之下开始了一场恶战。

当然，这也没有什么好奇怪的，这只是一种本能。想必是雌性潜在地希望选择更优秀的雄性来传宗接代。

但我一下子就想到了人。也许，美貌的海伦只是出于本能挑起了一场惊世之战，那烽火戏诸侯中的褒姒原来也是出于本能的一笑。

读了劳伦兹关于动物的本能的文章后（包括他的另一本著作《所罗门王的指环》），我不停地在想一个问题，这些动物的本能在人身上还存有多大的比例呢？或者我们称之为人性的东西，有多少其实就是动物的本能呢？

更重要的是，我们应该以什么样的态度去对待这些本能呢？是发掘还是克制？

这个问题对于劳伦兹也同样头痛。他在书中给出的结论是，本能退化是给知性打开了门。相信这不是他最终的结论，因为劳伦兹从这两本书开始了大量地对动物与人的行为的研究，创立了一门新的学科——动物行为学，1973 年获得诺贝尔医学和生理学奖。

我因为这本书，明白了自己为什么十多岁的时候像个问题少女，喜欢男孩子为自己打架。我一直以为是文化的力量，让我最终没有走上歧途，但用劳伦兹的分析来看，其实就是本能和学习在同时作用，矫正和引导我的方向。

借胆求爱趁醉结婚

很难说清婚姻是何时被妖魔化的。是从社会的哪个年代或是个人的某个时期?

说得最滥的名言是:“婚姻是爱情的坟墓。”从某一天起,中国就有人惊呼,离婚率越来越高,结婚率越来越低,社会不稳定啊。从某一些人开始,对“婚姻的道德性”有了质疑,跟着有人在说,总有一天婚姻制度会消亡。

从个人的历史看,刚刚毕业,二十出头,还有些人在踊跃结婚,男人年过二十五,女人未到二十九,结婚大都是迟疑了又迟疑。男人的借口是,没有立业,尚需努力。女人的宣言是,没有确定真爱,不能草率结婚。于是许多男女选择了同居不结婚。

害怕婚姻,也就害怕结婚。

有种说法,当你想甩掉你的恋人,就向对方说:“我们结婚吧。”对方就会落荒而逃。

于是,就有许多人马拉松恋爱,八年九年后不了了之。有许多人正式生活在一起了,见过双方家长,共同购房置业,事实婚姻既成,可就是不履行手续。

有的人小心翼翼，结婚前已经在为离婚打算，早早搞好了婚前财产公证。

有的人负隅顽抗，所以最后奉子成婚。

我最近还听说，有个男人对女人说，你需要减肥二十公斤，我才能和你结婚。女人于是发愤图强，真的减肥二十公斤。男人说，你既然已经胖过，说明有胖的基因，你将来还是可能再胖，所以我不能和你结婚。

我认识的还有几对，结婚成了给对方给父母或者给同事朋友们一个交代，双方仇人似的结婚，结了婚马上离婚，情绪终于恢复正常。

结婚变成了一道可怕的门槛，越是长时间地面对它，越感到可怕。理智这时候变成了累赘。

反倒是一些不谈恋爱，只考虑婚姻的人，变得轻松自如。他们征婚，他们相亲，两人一碰到就看门户匹配，谈结婚条件，要么一拍两散，要么一拍即合。可这种结婚，又给后来的故事埋着伏笔，饱暖思淫欲，欲罢思情感。一动了情感的念头就容易恶形恶状，最后搞得离婚率又爬升了一点，搞得没结婚的更加害怕。

结婚变成了一件似乎最需要勇气的事情。

但如果两人咬着牙像上刑场似的，很难想象会有好日子在婚后等着他们。

恋爱结婚的时间还有一条这样的规律：恋爱和结婚呈这样的一条曲线，在恋爱的第一年内，结婚率呈上升趋势，到一年半后结婚率呈逐步下降的趋势，第二年以后，结婚率就很低了。第三年四年后，这条线就像死蚯蚓，再也抬不了头。这是社会学家总结出来的。其实你仔细看看，数一数身边的例子，一定也都是这样的规律。

道理其实很简单。恋爱开始的一两年，结婚率高，是因为在热恋中，人的理智早就让位给感情了。热恋中，智商低，胆子大，对未来就少了害怕之心，头脑一热，两人就把婚结了，再不怕什么婚后的复杂关系，什么挣钱生子之事。

这时动机最简单，情感最单纯，简单一些就幸福一些。该昏头的时候就昏头，趁着情感迷醉把婚结了，获得一段好的婚姻的可能性就最大。

科学闻到爱

最近我在看一些资料，发现科学家们用科学手段检测出了爱情。

比如，美国科学家新近检测一批刚刚热恋的女大学生，发现她们的共同特点是体内多巴胺和去甲肾上腺素激增，同时血清素减少。于是，科学家认为，爱情便是多巴胺和去甲肾上腺素与血清素这三个元素构成。这三个因素构成前两者多，而后者少的时候，人便感觉很浪漫。

所以，科学家们设想，如果用外力，比如药，让人体内的这三种化学物质达到这种比例，那人就能产生爱情。也就是说，这便是爱情的灵丹妙药。

以前传说中的巫药，或者苗女所下的爱情蛊，原来真有可能实现。

这些科学家们说，男人与女人互相吸引，有的能一瞬间擦出火花，那往往是人靠直觉寻找到了生物繁殖最适合的对象。他们研究发现，从优生角度来看，基因差异大的男女能够获得更好的后代，有更好的免疫力，所以人靠本能就能找出那种具有你所需要的基因的人。

比如鼻子就是个天然的探测器。

那个实验是用一些女大学生穿过的T恤，密闭贮存后，让男性受测者来闻。

受测者发现一些气味好闻，一些让他难以忍受。结果，那些气味好闻的，原来是跟受测者基因差异大的，而基因相似的，鼻子会有天然的排斥。

这个结果真让我大跌眼镜。前面的实验，科学家搬出很多化学物质来说事，我因为不懂，便只好认同。这个实验，跟我们平常的认识太冲突。

相信很多人和我一样，以为世界上的气味分为香和臭，人的气味也分为香和臭。都以为这是个客观事实，却不料是个完全主观的感受。

以前有女友告诉我，她之所以喜欢她的男友，是因为他好闻，像干燥的松木。也有女友赞美她的男友，如同新鲜的青草地。现在按科学家分析，她们闻到的这些，仅仅是她们想要的基因。

这实在是个太不浪漫的发现。

倒是我们可以用这个理论来解释一些以前难以解释的事情。比如为什么有的人外表不出众，但却可以有众多的追求者。也许是因为这人有着稀罕而优秀的基因？一个万人迷原来是因为有一个许多人缺少的基因？于是许多异性都闻到了独特的芬芳？

得出这个结果倒是个很有意思的事情。

按科学家的逻辑，爱情产生于物种延续的本能。那以前文学家们讴歌的“一见钟情”，却原来就是两人基因相配，发现这一点的时候，体内都发生了急速的化学变化，于是天雷勾动地火，两人嘴唇充血，双眼发亮，彼此认定对方就是自己的另一半。

原来罗密欧与朱丽叶的深情就是基因的互补，他们爱情的动力原来是人的繁殖本能。

相信艺术家和爱浪漫的人都觉得这实在太扫兴了。

文化的力量，性格的作用，外界的影响，其实都是我们生活中情感的重要组成部分，科学所涉及的仅仅是那部分可以用仪器探测的东西，科学家也无法否认那些他们不能检测的东西。科学家得出的结论，除了医学的用途，更多是给我们带来谈资。

爱情的马太效应

马太效应是个很残酷的效应。经济学家认为，由于累积和机会，有钱的会更有钱，穷的会更穷，这个效应就叫马太效应。

我的一个女友，前阵子跟男朋友闹翻了，情绪大恶，下楼梯居然摔断了腿，住到医院里，情绪更加恶劣。在住院期间闲着无事，便打电话给老朋友们。结果以前几任男朋友纷纷赶到医院，对她怜爱有加。她却更加伤心，觉得她最希望来的人是她刚闹翻的男友。

她跟我抱怨此事，我安慰她，说，爱情这东西，有时会有莫名其妙的规律，十分的“嫌贫爱富”，你越拥有爱，就会有越多的爱，而感情贫瘠的人，则会越得不到。这就像那经济规律中的马太效应。说到这爱情中的马太效应，也是我随口说出才想到的。但我马上就能找出无数的佐证。谁都知道有的人是花花公子，但花花公子偏偏就是能不断地更新女友。

我劝解这位女友，说，不妨放松心态，你的以前的男朋友们对你好，你就接受好了，你就当是在体验这个世界微妙的差异。托马斯认为，这个世界的差异是存在于平时看不见的地方，在于异性内心或者习惯最隐秘的一些不同，因为那只属于个体。

这个托马斯是昆德拉笔下的花花公子，但另一面，他是个对自己绝对坚持和忠于的人，也是我这位女友最喜欢的人物。这么一讲，她顿时听了进去。

在接下来的日子里，她善待来看望她的每个朋友，她的那些前男友们常捧了鲜花来看望她，对她好，给她讲故事，哄她开心。她心情真的好起来了。她想起以前和这些男友们分了手，几年都不复见面，眼下，他们一个个都能抽出时间来陪伴她，她对他们生出感激之情。

当然，这情感只限于感激，既然当年分手，自是有充分的理由。

但这已经足够，他们来看她，也向她讲述自己的心事，也是消除烦恼的方法。渐渐地，整个病房里竟洋溢着一种狂欢的气氛。同病房的几个女病友也被搞得心思活泛。

在意料之中，她那闹翻的男友也加入了这狂欢的行列，大约他发现她不再紧迫他，她脸上又洋溢出刚恋爱时的神情。

结尾是在意料之外的，她出院时并未和男朋友复合，而是一个帅气的男医生帮她办理出院手续，送她回家。

跟经济学的马太效应不同的是，爱情中的马太效应并不是简单的拿情感做成本，越滚越多，而是如果处于情感的包围中，心态就会很好，人放松，对快乐敏感，对伤害迟钝，再加上激素作用，让人容光焕发，这些都会更具对异性的吸引力。

当然，异性的微妙的竞争心理，也促进了爱情的马太效应。所以如果没有被爱包围，至少要模拟被包围的那种状态，把心态放松，随时处于接收的状态，像一台不断调试的收音机，爱情就比较容易到来。

乳贴的道德

我在网上看到一个帖子，说现在有的男人夏天穿白衬衣，就会在胸前贴上乳贴。这个消息足实是吓坏了我。

乳贴这个东西，在女人中好像都还用得不普遍，怎么男人都开始用了。

本着格物致知的精神，我在网上查了一下，是否真有这类的事情。

在网上查乳贴一词，跳出无数新闻，仔细浏览，男人用乳贴的新闻好像并没有，但却发现了一大串关于女人与乳贴的新闻。

比如，一新闻说某女星开记者招待会，忘记贴乳贴，被记者拍到胸前黑衣下的凸点，经纪人急急帮其遮掩。某女星开演唱会时，因衣不衬身，上装滑了一下，被人拍到半个乳房，后来，她再三声明，大家看到的是乳贴，而不是乳头。这类新闻很多，基本上就是女星和娱记在乳头和乳贴的问题上斗智斗勇。

西方不少女性提出解放乳房，并引据医学知识，说，胸罩阻碍乳房的血液流通，会导致若干疾病，所以这些女性提出了不使用胸罩，她们崇尚天然，认为解放乳房也是解放女性的一步。我的一个搞服装设计的朋友，十多年前，曾师从一个法国女设计师，那女设计师就是一个这样的人，夏天，她只穿一件薄T恤，走在中国90年代初的街头，神情坦然。

中国女性如今想到使用乳贴，却主要不是因为追随了这个潮流，而是这几年，夏装的上衣越来越小，衣服的胸低了，背也会全部亮出来，胸罩是完全不适用了，所以开始使用乳贴。

我所知道的乳贴，基本上是两类，一类是作为性感的装饰，比如穿件空花透明的衣服，在关键部位贴上一个显眼的装饰乳贴，搞出一种欲盖弥彰的效果，对于这种，我很理解。另一类乳贴变成了掩藏乳头的东西，其实说白了就是一块胶布一样的东西，把乳头一贴而平，这样穿上衣服，别人就不会看见乳头的轮廓了，现在更有一个功用，就是在不小心走光的时候，说，你们没有占到便宜，你们看到的是乳贴。这让我直接想起的是八十年代初的一件事，那时，刚刚开放，电影里有时也因为情节得拍一下半裸的女人。一个当时的女星出来解释，你们看到的不是我的乳房，是我乳房上的胶布，只不过胶布涂了颜料。

这一类乳贴的使用和兴起其实是基于这样的一种观念，乳头是需要遮羞的，而乳房不是。在流行大乳的年代，乳房越大越光荣，乳头没有才道德。

这是个什么变态逻辑。

其实如果这只是个人的观念，比如某个女人害羞保守，喜欢把自己严严实实地包裹起来，也没什么关系，但看到娱记搞出来的无数新闻，就明白这不只是个人的事情，它已经变成了一种公众的道德。

我在那堆新闻中，还发现了一个特点，就是这些新闻都是东方的，除了日本有一两条以外，香港占了最多，内地也有一些。因为在西方，从衣服外面能看到乳头的轮廓是很正常的事，不礼貌的是你老盯着别人胸前。

有乳房就有乳头，这是个常识。在我们这里，乳房被人追捧，自然的乳头却变成了一个该刨坑埋了的玩意儿。这表面上的道德，就好比在清朝，小脚才是道德，往里挖掘却是许多人内心真正的淫邪。

硅胶在思考

是什么东西能实现真正的人人平等？不是某某法案，也不是某某经文，而是一种神奇的物质——硅胶。

硅胶这玩意是什么时候开始出现的，我不清楚，最开始认识它的时候是出现在一些关于奇迹的报道里：某某明星的体内装进了硅胶，所以某某一跃成为性感明星。某某某从男变女，安装了硅胶，变成世界上最迷人的小妞。

看看，这就是硅胶的神奇之处，它能改造一个人的地形地势地貌，让一个平凡平庸的人变成一个万人迷。这些工作以前都是上帝做的，现在硅胶做到了，硅胶把人们从上帝手里抢了出来。

上帝以前造人是很漫不经心，又偏心眼，喜欢把高鼻大眼丰乳肥臀诸多好处送给他宠爱的人，然后把普通人造得像沙粒像蚂蚁一样普通。如果人人都泯于众矣都还罢了，许多人却还可用上那句成语："差之毫厘，谬以千里"，或者托尔斯泰式的名言：漂亮的人大体是一样的，丑陋的人却各有各的丑陋。

硅胶却完全没有上帝的这些偏见。硅胶在明星那里向众人做了展示以后，很快地就进入了平民阶层。

我周围最早拥有硅胶的是我的一个女同学。以前念书的时候，她像一个假小子一样打扮，大家都不曾注意她，毕业一年后，一个长发飘飘丰满高鼻的美女来组织同学会，大家凭声音才能辨别是她。一个狂爱大胸的男生开始追她，说，呵，以前没发现她这么有风韵。

风韵原来是硅胶的一个别名。

那时，证明自己是美女的途径不多，不像现在是美女就可以去报考电影明星，然后依次往下排是电视主持、模特、美女作家。我们那个女同学去做了空姐，这在当时足以证明自己的美丽了。硅胶给了她无限的自信。

后来，硅胶更广泛地进入大众的生活，随时可以点亮我们的生活。没有人再抱怨父母，抱怨上帝，给了自己不好的长相，每个人都可以变来变去。就算你不变来变去，也会不再羡慕别人的沉鱼落雁，因为那是人人可以达到的啊。所以每个人都信心大炽。

我是见过单独的硅胶的，没有在人体内的样子。那是一个先锋艺术家的作品，用硅胶做了一把椅子，是用真椅子的模子倒出来的，但放在地上，它只是软软的一瘫，肉红色的，显得肉感而诡异。我当时就觉得硅胶是有生命的，有感知的。当然硅胶也是有弱点的，它不寄居在人体内就很难站立，很难行走。因此我猜，硅胶来到人间，进入人体是有目的的。

你如果不相信硅胶有思维，那为什么许多人有了硅胶以后，就自信了，想法就变了，命运也变了？不是他们自己的思维变了，一定是硅胶在思维。

当硅胶占领了更多的人体之后，这个世界就是硅胶的世界了。硅胶先是取代了上帝，硅胶当然也会取代人类，成为我们这个世界的主人。

你如果现在来问，如果没有硅胶会怎样？那硅胶马上会来敲你的门。

我们的身体，　我们的爱

我前阵子看了一本美国学者的书，里面探讨新的人类遗传学技术开始影响病人和家庭的方式。关于科学的探讨对我来说艰深了点儿，我最有兴趣的是里面详细讲述了大量的病例，涉及了很多女人跟遗传病的故事，她们在疾病面前所做出的家庭与情感的选择。这本书的名字叫《麻烦的双螺旋——新人类遗传学的社会和心理含义》。

有几个病例是关于乳腺癌、卵巢癌遗传的。因为现代基因技术发达，科学家发现这些病跟遗传的基因突变有关，如果携带某些基因，就有一定的机会发生乳腺癌、卵巢癌。

于是在对基因进行了检测后，或者在得知家族里有人有此病症后，有的美国女性选择了在并未得病时进行乳房或卵巢的切除，以绝后患。特别是还有一位纽约的姑娘才十九岁，就做出了切除双侧乳房的决定。

看到这些，令我十分的惊讶。乳房对女人意味着什么？不仅仅是美，也是爱的源泉，是身为女性的自信。同时，乳房和卵巢也是雌性激素的主要源头。因为对还未发生的疾病的担忧，而放弃这些，那真的会快乐幸福吗？

我由此想到了一个有意思的问题。

美国人，需要的是和别人一样，比如告诉他活不过六十岁，他就不能正常生活。所以一个有家族乳腺癌史的女人会提早切除乳腺，以免将来染病，手术后她才能安心，才能和别人一样，做一个长寿的人。

西方的这种人生哲学跟东方的太不一样了，东方人讲究的是心理时间，讲究的是得过且过，当下精彩，心理时间便是一瞬为永恒，过去和将来都不那么重要。这样导致的是健忘和没有忧患感，但我第一次觉得健忘，也许并不是一件坏事。

这本书看了不久，我就接到我一个女友的电话。四十几岁的她，忽然查出子宫长了肿瘤，如果继续发展，就需要切除整个子宫。

当时我第一反应就是想到了这本书，想起了我对这些事件的观点，我很忧虑，建议她保守一些，尽量不做切除手术。可医院观察后给出的结论还是要全切。

女友很开朗，她本来就是个能把很多事情看得通透的人。她说，我又不要小孩，过几年，也到了子宫萎缩的时间，割了就割了吧，对我来说，它已经没用啦。

我于是又重新拿起这本书，重新看待那些病例。

一个37岁的女人，因为母亲患乳腺癌去世而陷入恐惧，于是每年去做一次检查，在7年以后，她决心去切除整个乳房。她的丈夫不能理解这一点，激烈地反对。在她一遍遍地把意思向丈夫表明以后，终于有一天，丈夫说，你应该去，我宁愿你没有乳房但健康地活着。而她咨询医生，没有患乳腺癌可不可以做切除手术，医生则对此完全赞同。美国是个崇拜科学的国家，医生当然会如此理性。

我如果换一个角度再看这个事情，会为女人最终能掌握自己的身体高兴。如果活在对疾病恐惧中，人也是不快乐的。这个病例中的女人，在手术后进行了“乳房重建术”，很成功，她因此高兴地说，这是对丈夫最好的回报。

在不得已的情况下，女人要放弃一些东西，这实在是没办法的事。我的那位女友，在手术以后，医生告诉她，虽然连着子宫把肿瘤切掉了，但并不能保障肿瘤不在其他地方重新生长，还是有一定的可能性的。所以医生建议，如果进行预防，可以服用某种激素。

女友这次反应很激烈。她说，她决不吃那种激素，因为她知道那种激素会把人变成一个大肥婆。如果那么肥胖丑陋地长寿着，不如少活二十年。如果再长肿瘤，就再割吧。

虽然对爱对美的想法有很多一致的地方，东方和西方女性的人生观的差异又明显地表现出来了。

一个年轻的男性朋友听说我的女友住院了，打电话过去慰问。听说是做的这个手术，他在电话那头发出了一连串的惊叹：“天哪！天哪！天哪!”二十多岁的他觉得此事太过严重，光是听说都是太大的刺激。

他年纪尚轻，还只能从男人的角度来思考这个问题。

第五章

告别旧照片

告别旧照片

前几天搬了家，这两天正忙于整理各种琐碎的物件。

我整理得很慢，有些扔掉了，有些看一看留下来，有些留下来，犹豫一阵子，最后还是会扔掉。这些扔掉的东西，都刻着许多岁月的划痕，我看见它们的时候，常常觉得熟悉而陌生，想不到原来的我和原来的生活是这个样子。我默默地看着它们，抚摸着，作为最后的告别。我不留下它们，因为那些日子已经远远地离开了我。

我翻看许多没有收入相册的旧照片，那照片上的主人公只是五官像我，但神情却不像，好多沉重忧郁，眉头不展，心事重重的样子。看最近一年的新照片，上面的人却开颜欢笑，年轻了许多，放松了许多，也漂亮了许多。

旧照片上，背景有许多地方，有我当时居住的城市，也有旅游的地方，而我表情却是始终如一。我现在看着这些照片，愣了半晌，我已经快要忘记那时为什么会是这个样子。这么焦虑，这么不快乐。

从 1995 年开始，我就陷入了很多大问题的包围，一直在想，自己将来要做什么，应该在哪里，从那时开始，我就在许多工作和城市中作选择。

那时，先是去了北京，后来又回了成都，接着又去广州，再次去北京。我在这些城市，最短的待上半年，最长的也不过两三年，我在一个地方就会想去另一个地方，我忙忙碌碌的其实是不停地寻找自己要什么。我不知道自己属于哪里，自己应该做什么。也许我适合做新闻吧，也许自己适合做杂志吧，也许该做一份自己的小事吧。

那些日子过去其实不算太久，是因为我现在的生活和心态改变太大，才让我忘记了当时的那些忧虑与彷徨。

我看见我那些新的照片，这一年多的照片，背景都是些简单的东西，不再是高山、大海、长城、古镇之类，只是在成都的一些悠闲杂乱的场景，比如茶馆，比如羽毛球场，比如家的一角。更重要的是，照片里还多了一个他。

我想，我的改变是因为他和这座城市。

我最后一次从北京回成都的时候，准备在短暂的停留之后再次离开。那时，广州有一份工作很吸引我，我认定那是可以做成事业的，进入一个领域，和很多自己感兴趣的人物对话，思考很多不明白的问题，对一个领域起到影响。我以前离开广州是因为生活上的原因，但我准备再次去的时候，早已把生活方面的不适应忘掉了。

这时，我看见了他。

当时我认识他已经有两三年了，我到处乱跑的时候，我是看不见人的，我只知道，他过着一种平静的生活，读书，写作，画画，思考。两三年之后回到成都做短暂的停留，我发现，他仍旧像以往一样。我越走近他，我越感到那种平静下面蕴藏着极大的魅力，才知道丰富的内在不一定会有喧哗的表面，独立的东西往往才是最强大的。

我留下来，选择了他，也选择了成都。

以往的成都对我来说，是个最好的充电器，加油站，我喜欢成都的吃喝玩乐，它放松我紧张的神经，只是为了让我再一次去冲刺。现在留下来，和他在一起，慢慢去体会成都，成都那些藏在生活细节下的深刻的东西才被我发现。

以前的成都就像一个纵容我的爱人，我受伤迷惑的时候就回来，我在这里静一静，就会选择再度离开。现在是他纵容我，我任性的时候，他陪伴我。就像前两天，因为我小受挫折，就要求走去一个很远的地方吃路边的蛋烘糕，结果到了那里，那个摊位没摆出来，他陪我在旁边等，也没有踪影，我又提出去更远的另一个地方吃张凉粉，于是他又陪我坐三轮车过去。我和他玩起来的时候，我们像两个孩子，在街上追追闹闹，完全不怕路人的眼光。我们在读书的时候遇到问题，我们会互相讨论，或者想通了一个问题，我们会讲给对方，这些时候，都是我们最开心的时候。像爱人一样的成都不会留住我，而真正的爱人才能留下我。

和他在一起，渐渐地我找到了真正属于我自己的事情，就是做独立的事情，不需要太多合作，更能发挥创造性的事情，于是我辞去了工作，开始了在家里写作。

我发现我变了，我不再是个躁动不安，飘来飘去的人，我潜下心来，在文字中寻找乐趣，用一个个想法来和自己做游戏，有点自己的小野心，但却是和自己的能力较量的野心，不再是觉得自己应该去做一个公众的事业，影响公众。

沉下来的人也才会是真正喜爱生活的人。

我和他按揭买下了房子，我自己设计，把房间搞得无比具有个人特点，我们准备两间书房，我们在写作的时候要各自分开，我们有可爱的花园，朋友来的时候有极好的喝茶谈天的地方，我们和父母居住，过传统的生活。这一切，都是我心目中的成都生活，这些，也都是以往的那个我不敢想象的。我还记得以前很好的朋友评价我，说我太飘。现在偶尔还有外地朋友打电话来问，“你什么时重出江湖？你最近有没有什么计划？”他们不能想象一个那么东游西荡的人会安静下来。

我现在生活是沉静的，心情却轻松明亮，健康快乐。我如果对那些外地的没有看见我的变化的朋友讲，我和他每天要晨跑，每周和朋友们打一次羽毛球，和朋友们喝几次茶，很少泡吧了，不怎么过夜生活，他们能相信吗？但这就是我的成都生活，我和他的生活。

我看着以前的那些旧照片，更对生活充满感激，对成都充满感激。我感激命运眷顾，让我看见他，让我们相爱。

检点过往的爱情

五年前，我在一家报社做副刊编辑。我们年末要做的一个特刊是由读者来写出他们的爱情故事，可以是这一年的，也可以是这一生的。

我们收到的读者来信有几千封。

但最出乎我们意料的不是这庞大的数字，而是这些来稿的内容。

因为他们都不是职业的写作者，他们只是平平实实地写出自己的情感，但这种平实中蕴藏着非常感人的力量。

我至今还记得我经手的一些稿件。

在这一年，一个从农村来城里的十八岁的姑娘，到一家餐馆打工，她腼腆而传统，餐馆里的一个小工追求她，约她去公园，她听到公园里有人在弹琴，她感觉到了浪漫美好，可是小工吻了她后还对她有更多的要求，她不依从，第二天，她在餐馆里听到那小工在对别人讲她的坏话，说自己怎么可能看得上她。她很伤心，也觉得这是自己“风流的代价”，决定离开那里。稿子最后一句话是：“一个月的恋情就匆匆而过。”

这稿子的文字非常朴实，你阅读它完全能想象写下这些文字的那个十八岁的姑娘，想象得到她红扑扑的脸，也想象得到她未来还要经历的更多的事情，要经历的更多的伤害以及幸福。

一位老者，他的文章标题叫《红蚂蚁》，他写他十多岁的时候读私塾，恋上老师的女儿，几年后参加革命离开家乡，却听说老师的女儿另嫁他人。他再被下放回家的时候，得知原来她因为有了他的孩子才被迫出嫁，而此时孩子和她都已过世。他于是终生背负着她和孩子的骨灰。文章的最后一句是：“××年之后，我平反了。我老了。”

文章不长，写得极为干净练达，不足一千字，但作者的一生都融入了其中，让人读来十分动容。这位老者，我后来还想约他写点别的，但因为别的事都不如这件事深入骨髓，写出来就完全没有这种风采了。

还有一篇没有地址的来稿，叫作《我的逃亡生涯》。作者在家乡跟人打架错手杀了人，于是当场就跟女友搭上长途车奔向远方。在外地，他们居无定所，因为没有身份证，他没有正经的工作可做，他于是跟着一些人混，染上各种严重的恶习，女友非常担心，希望他向善，他也担心女友，觉得她应该回到家乡，回到正常的生活，他让女友看到他更多的坏处，他甚至去嫖，逼女友离开。女友终于受不了了，回家去了。他在黑暗里，看不到自己的一点出路，唯一安慰自己的就是女友也许会过上比较好的生活。

这篇文字也是不错的文字，但你完全能想象，如果不是自己的亲身经历，不是与自己血脉相系的感情，就不可能产生这样的文字。

这些稿子都有这样共同的特点，倾注了真情的文字，就远比许多专业作家的文字好，比他们的文字感人。这些文字让我一直不能忘怀。那些普通人经历的爱情，我相信那就是一个人的生命的精华，一个人在最普通黯淡的生活中，也能因为爱情开出璀璨的花。它让一个人从人群中区分出来，让他一生有了光华。

我在读这些文章的时候，也检视自己过往的爱情，那些短暂的或者深刻的，是它们让我的生命不可复制。

那次，我们在专辑的题记里引用的是海子的诗："愿有情人终成眷属/愿爱情保持一生/或者相反 极为短暂 匆匆熄灭/愿你我从此再不提起。"

其实，我想的是，在这岁末，检点这过往的爱情，愿它们能照亮一生。

我的爱情理想

一天，几个女友聊天，谈我们的爱情理想。

一位女友讲，她觉得最理想的爱情是两个地质学家的爱情。两人在荒无人烟的地方考察，面对自然，十分浪漫。另一位女友的爱情理想也颇为相似。她觉得最好的爱情是两个自然科学家，比如是动物学家，志同道合，一起生活在野外，进行他们共同的事业。

我的爱情理想虽然跟她们的有相似之处，但要比她们的多些烟火气。我的爱情是有偶像的，比她们的更有贴近性。林达夫妇就是我爱情的偶像。

林达写了很多优秀的文章，坚持自己的视角，透彻明晰。这点大家都知道。有些人也知道，林达不是一个人，而是一对学者夫妻。他们合用林达这个名字写作。除此之外，我们对他们的生活知之不多，因为他们十分低调。

能用一个笔名写作，这也说明了作为夫妻，他们有最好的沟通，他们的阅读，他们对世界的思考，能达成一致。这不止是语言的沟通，更是思想的沟通，与你能这样相通的人，在世界上能找到已十分不易，况且对方还是你的枕边人，那真是非常幸运和完美。

从一些零零星星得来的消息，知道林达夫妇住在美国的一个小镇，他们平时过着朴素的生活，周末还去集市上赶集，卖些自己做的手工艺品。

这也是让我十分向往的生活元素。靠自己的双手创造艺术，用双手养活自己。这种针对民间的工艺品，跟那些标着某种新流派经由画商传播的艺术品不同，它里面没有炒作，只有对方真心喜欢才会买回去。

林达夫妇去欧洲的旅行，一边读书，一边思考，一边写作，有感兴趣的地方就去一探究竟，有喜欢的景致就停下来画一幅画。

这种旅行、读书、写作、画画，思考与观察，这也都是我向往的生活。与爱人携手用这种方式面对世界，这就是我的爱情理想。

在十年前，我的爱情理想可不是这样的。那时，我的爱情理想只是想着成为谁的好助手，支持别人功成名就，想着自己爱写爱画兴趣泛滥，指望着将来某一天替谁当个好帮手，如果他是007，我就当个邦女郎，如果他是郭靖，那就替他守襄阳。想来那时是因为自己对世界有想法，却觉得无从下手，便以为自己可以给谁当个好支撑。但一天天自己成长起来了，神经粗壮了，对世界的想法改变了，慢慢地就不想当谁的助手了，慢慢地就把那些想找帮手的人看不进眼里，终于自己有了自己的世界，寻找的爱人是要能跟自己携手并肩，息息相通的人。

其实我和我这几个女友的爱情理想都有点像“神雕侠侣”，两人逍遥世外，远离尘嚣。

如果不能有林达夫妇的自由，只是如同昆德拉的《不能承受的生命之轻》里的后半部分，主人公夫妇避世乡下，种田放牧，过着田园牧歌般的生活，其实也是乱世里不错的爱情生活。

愿足球和爱情冲昏头脑

我是这几年才变成球迷的。原因非常简单，因为他是个球迷。在他热情的感召下，我很快就迷上了足球。

在此之前，我对足球是完全没有概念的。而他是资深球迷，他记忆里的事情，是用世界杯和欧洲杯来做坐标的。比如，在哪届世界杯之前，他去了某个城市，在哪届欧洲杯结束，他换了新的工作。我很惊讶地发现，在我的记忆中，以前从不曾有过足球的印象，按理说，周围有许多朋友都是球迷，但我却一点想不起，他们是否有过热热闹闹地看球的时候。

我由一个足球白痴变成球迷，我的一个女友非常不满。

她是一个理性的人，是一个女权主义者，是一个不相信感情的人，她认为天下男女关系本质上都是一样的。

她因此撰文说，女人喜欢足球，不外是意淫球星，或者是讨好男人。

足球和爱情，已经超出了她的理解范畴。

我开始看球才明白，原来球队的风格就是那个国家的风格，一切的表现后面都是人性。有的保守，有的理智，有的鲁莽，有的华丽。

其中，我最喜欢的就是西班牙了，他们的球队充满激情，情绪化，偏执，无厘头，技术很好，而射门的时候却很随意，在比赛中却走不远，因为他们完全不能控制自己的情绪，他们胜必骄，败必馁。我天生喜欢这样神经兮兮的气质，这气质也是我最喜欢的西班牙电影和文学的气质，也许跟我自己或者他的性格有所吻合吧。

看这些表现不同人性的球队，在不同的对决组合中，演绎充满悬疑的剧情，实在是件很过瘾的事情。我也觉得很多球星很帅啊，但那完全爱屋及乌的缘故，我喜欢这支队和这个人的风格，才会觉得他帅。意淫？呵呵，我那女友把人的情感想得太简单了。

2014 年世界杯一开始，我和他终日陷在了球赛里。那一届，比赛时间多为下午，而他每天还要给报纸写球评，于是我便扮演了最贤惠的爱人球迷。我在看球的空档里，要去买卤菜，煲汤，熬粥，好让他多一点休息和奋笔疾书的时间。

2016 年的欧洲杯，时间都在深夜，我和他白天沉溺于睡梦，如果要起来做一点事，也像梦游一般，到了半夜，才是我们的天堂。我们拥在沙发上看球，中间去煮了方便面来补充能量。晨昏颠倒地过日子，透支体力，不干活，连上网啊、打游戏啊都差不多忘掉了。这完全是狂欢一般的感觉，而这狂欢将近一个月。我从小就是一个喜欢狂欢的人呢。

现在每夜看着他欣喜若狂，像孩子一样，就不由自主地想，哪怕真的只是为了讨好他，让他高兴，跟他一起熬到形销骨立，也是一件多幸福的事啊。

我已经被爱情和足球冲昏了头脑。

大作家什么时候开始谈论爱情

帕慕克的新长篇《纯真博物馆》才读到一小半的时候，就有了个猜想，这个猜想在书读完后，查了查时间，得到了印证。

先说小说本身。

书是上周开始读的，五百多页，到这周初就已经读完。这个过程中，一直沉浸在书中的情绪里。

那是一种明亮的忧伤。

小说极细腻绵密深沉地叙述着一场爱情，以第一人称的手法，追溯主人公一生最幸福的时光。

用非常繁复的细节，细致拆分爱情的本来样子，拆分到分子、原子……直至最小。

还不止是爱情的样子，同时也呈现出日常生活的诗意。帕慕克一直喜欢普鲁斯特，这小说中，他甚至点明了这一点，他以普鲁斯特的方法，向着前辈致意。比如，作者甚至可以描写4000多个烟头，以这些烟头来展现男女主人公，仅就烟头都能写上一章。

作者写这些点滴的生活，有的地方会用一种非常随心所欲的方法，有时可以说是作者在炫技。我从中想到了，这是他获奖之后的自在放肆，不用再考虑批评者和出版商，想怎么写都可以。但也正是这种态度，让他的东西更好了，比以前更加自由。

帕慕克拿一本书来写爱情，这让我想到了马尔克斯的《霍乱时期的爱情》。一个写的是一往情深的单恋和追求，一个写的是繁华落尽的真情。虽然外形正好相反，但内里有着很一致的东西。帕慕克说："这是我最柔情的小说，是对众生显示出最大耐心和敬意的一部。"

也因此，我以为，这部爱情小说，大有深意，并不仅止于爱情，他在背后提问的是："幸福是什么？"

主人公，这个在世俗观点看来，是个非常不幸的人。终日沉溺于儿女情长，远离了同阶层的圈子，日复一日地去已经结婚的恋人家枯坐，跟恋人的父母混在一起，跟他们看电视剧……给恋人的丈夫投资开公司拍电影……所有的一切，只是为了跟恋人近一点，看着她，听听她。当终于七八年熬下来，守得恋人归来，恋人却又死去。但主人公却在临终的时候说："我非常地幸福。"

如果光是听这个梗概，是无法同意主人公的这个说法的。但仔细读下来，掩卷深思，就能明白，幸福是什么。幸福是主人公建设的"纯真博物馆"，是他这些年悉心收集的关于恋人的一切，是他度过的这些仔细的时光。

这些时光，忧伤而明亮，所有的甜蜜都在忧伤中显得更加的珍贵，所有的忧伤也都因希望而变得像宝石一样，可以再三把玩，就像土耳其的细密画一样。

这种仔细的生活，日常生活的诗意，勾勒出一个理想的人的样子。

这就是帕慕克心目中理想的人。

回到我最开始的猜想，我猜想，让我觉得有相似特质的《霍乱时期的爱情》，也是作家获了诺奖之后的成果。一查，果然，马尔克斯1982 年获奖，《霍乱时期的爱情》成书于 1985。相仿的是帕慕克的获奖时间是 2006 年，《纯真博物馆》的成书时间是 2008。

我觉得这是个有趣的现象，可以让我做如下的推测：

大作家，尤其是男作家，往往认为写爱情容易流于浅薄，只有在觉得能够不计较别人眼光的时候，才能专心致志地写上一部关于爱情的伟大作品。这一部作品里，他就能寄放他对所有男女关系，甚至人类世界的思考。

他或许是个天使

这一直是一种我不理解的情感，虽然有时还发生在我的周围。

年轻男子爱上年长十多二十岁的女子，甚至还有更大的年龄差距。

相反的情况我们见得更多，但似乎不让人难以理解。简单地说，男人更社会性，男人的魅力也更社会化，所以，年长的男人可以以他丰富的阅历、成熟的气质乃至成功、金钱、权力等等吸引女性。但我们通常会认为：女性应该更强调自然属性，美貌、青春，更是性吸引力的源头。

所以，理解老男少女之恋不难，要理解老妇少男之恋就很难了。

刚刚看了篇俄罗斯的小说，《在网恋中重生》，是女作家安娜·鲁斯基赫的作品。这小说也在讲述和探讨这样的问题。

女主角中年失去了挚爱的丈夫（丈夫是比她年长很多的，功成名就的教授），一年的时间都活在自闭得如同死亡的日子里。慢慢她开始上网，开始在网上聊天，然后就一发不可收拾，开始了网恋，但也只是为了找一点刺激。

忽然，一个二十岁的青年从网上闯入她的生活。这个青年非常俊美，有着天使般的面庞，但却忧郁孤单，在现实中和人相处有很大的问题。

女主角先是本能地拒绝，然后就想，也许，这是丈夫的亡灵派来的天使，是为了把自己拯救出这种死寂的状态。女主角被点燃了。两人便干柴烈火，燃烧起来。

但年轻男子的忧郁孤单是有缘故的。他吸毒。终于，他卷走了女主角的全部钱财，让女主角得面对贫穷，要为三餐之需发愁。

至此，女主角只能重新振作，去寻找工作，而她因为当年早早地嫁给教授，毕业后就从未工作过。而现在，她的人生只能重新开始。中年的她，四处寻找工作。

四处碰壁后，她最后成了一个野的司机，虽然艰辛劳碌，但却使她从丈夫去世造成的封闭和抑郁中走出来，这样，她获得了重生。

从这个角度看，少年真是天使。虽然手段我们不理解，但我们能看到这个结果。甚至我们也可以赞同女主角的看法，这个天使是她在天上的亡夫派来的。

这篇小说的故事虽然简述起来像个社会新闻，但作家对心理的把握能力不错，所以读完了倒是忽然很理解这对主人公。

因此想到了一直不太明白的老妇少男之恋，发现一直对老男少女之恋看得过于简单了。

当男女双方处于不同的年龄时，他们其实也处于不同的人生阶段。

两个不同阶段的人，被对方吸引，爱慕对方，就已经不简单是追寻相知相守，这里面有对另一个阶段人生的向往和羡慕，而不是简单地看重对方的权力地位或者青春美貌。

年长的爱恋那单纯的还未开启的人生，年少的爱慕那已经掌握一切的感觉。

这种人生感觉的差异和错位，也能成为一种爱的基础。

哪怕这种爱含着毁灭，但毁灭也可能意味着新生。

在她看来，他是个天使，带来单纯的东西，等待怜悯和援救，刺激她的心灵复苏。在他看来，她是个女神，庇佑他，给他温暖和信任，给了他博大的爱。

这让我想到了身边的一些朋友的恋爱，他们会在恋爱的初期说，对方如同上天派来的一样，或者说，是命运的安排。

即使不是老少恋，但也一样是感觉对方开启了另一种人生，而自己为新的人生欢欣鼓舞。

小说中的这段恋爱没有结局，但却带来了爱的感觉的苏醒，这是心灵的苏醒，比失去了财富更重要。

“他或许是个天使”，这句话，也是朋友何小竹一篇小说的名字。

《他或许是个天使》里的主人公是个多情男子，对女人呵护备至，但女人却始终要离开他。一任一任的女友，就这样换了下去。大家于是明白，这男人是个天使。

我们不理解的恋人，或许只能从天使这个角度去解释。

但可惜的是，天使永不长驻人间。

我们进入相知与挚爱阶段的恋人，他就已经成为活生生的人，他有血有肉，跟我们呼吸与共。停留在天使阶段的恋人，他是不被理解的，他是迟早要离去的。

卿本佳人，奈何作英雄

不能想象，这篇小说和电影《英雄》是同一个作者。

这篇中篇小说叫《卡门》，是李冯小说集《有什么不对头》中的第一篇。

女主人公卡门，是一个中国当代的吉卜赛女子，她热情似火，在不同的男人身边流浪，有着复杂的性史。当然，她有着丰富的男女经验，包括性及情感两方面，深谙相处与相爱之道。

而男主人公阿莫是一个想脱离规范生活，却无从做起的人，一个既不懂感情，在女人面前缺乏自信及能力的人。

于是卡门便像老师一样，开始教阿莫如何和女人相处，如何在男女关系中把握主动占据上风。这一切是出于卡门爱上了阿莫。但同时卡门又有着人应该是自由的观念，于是，给阿莫了无限度的自由。

阿莫在男女之道上忽然开了窍，于是越来越不满足少数的性伴，他愈发使用和享受卡门给他的“爱的自由”。

卡门教会了阿莫，便失去了阿莫。阿莫本来不接受卡门的过去，但他却变成卡门。

卡门如同一个圣女，默默地给了阿莫这一切，忍受着失意、嫉妒和牺牲，眼睁睁地看着阿莫越滑越远，自己也完全像变了一个人，日益封闭枯萎，和自己的过去完全决断了。

这篇小说写得非常好，把很难讲合理的一个故事，讲得让人动容，把人性的弱点矛盾，性与爱的困境处理得很深入，让读者也感到心痛。

这个卡门，其实比梅里美的卡门更加血肉丰满，真实生动。

李冯在序中提到，这篇小说的结尾，是在文学期刊编辑建议下修改而成的。他说，现在这个结尾，是技术角度上的完整结尾，却非意义上的结尾。可能他原来的结尾是想讲男女经历激烈的撕扯之后，达成和解，以及具有了更多的爱人之心。

看了作者的这个说法，我倒是对小说原来的结尾充满好奇。这也是因为这篇小说中展现的男女关系，诱惑和挣扎，角色互换，给我的冲击太大，而现在的结尾，让人不满足。

这本集子的第二篇小说《信使》也是极好。刻画一个卑劣的爱人者，刻画得非常深刻。有如一幅好的暗调的油画，在暗部仍能处理得层层叠叠，变化细微，在暗处还能更暗，比黑色更深。他尽情展现了人性的黑暗幽深。

相对卑劣者，作者设置的是 20 世纪 30 年代大时代背景下的一对恋人，一个情感冷淡，最高理想是投身革命，一个赤诚忠贞，为了爱情不惜一切，在乱世中，当军人，当文人，再参军，都是为了追寻爱人。

而暗恋的卑劣者亲手摧毁了他们。

但李冯又是用卑劣者的角度来讲述，因为“我”的角度的天然优势，让“我”的恶及合理性，展现得更加真实可信，而不会流于概念和简单的评判。

也正因为这样，人性的恶才更加突显。

李冯的这两篇小说是整个集子中最好的。他的整个写作都体现了他超强的细节把握能力，但这两篇，对人性进行了深且广的挖掘，几个人物都非常有张力。

这种深邃动人的个体生命，这种人性复杂幽微，却偏偏是张艺谋现在的影片中最为缺少的。

像李冯参与的《英雄》《十面埋伏》等，人物呆板符号化，情节简单可笑，成为网友的笑柄，主题甚至是反动的，要为天下牺牲个体等等。

很难想象，这些电影的编剧和这些小说的作者是同一个人。如果先就想着这是《英雄》的编剧写的作品，可能许多人都会错过这本小说集。当然，许多人会说，电影是集体创作，是导演、制片和投资人导致的共同结果，个人作不得主，而且，现在大量的作家和聪明人都进入了编剧的行列。

但看完小说，我还是觉得，李冯放着好小说不写，而去参与大而烂的电影，真是浪费才华和精力，可惜了。只好叹一声，卿本佳人，奈何作英雄。

第六章

归来的激情

归来的激情

六月中旬，两位好友设家宴款待我们。有美食、美酒、咖啡……甚至有音乐，两位男士用钢琴和手风琴在旁合奏，但最重要的还不是这温馨氛围，更重要的是浓浓的情谊。大家在经历今年四月五月的动荡之后，重回这安宁生活。此前，我陷在焦虑不安的情绪中，已经很长时间不能画画，甚至拍照都不行。但在这样的一个晚上，我觉得自己重新被打开了，宁静重新回到我的内心。几天后，我在激动中画了一幅水彩，画面上是一扇在夜色中打开的门，外面是黑暗的，而门里温暖明亮，有两位正在为准备餐桌忙碌的女性，小狗也欢快地迎向打开的大门。

这幅画的名字叫作《归来》。我在博客上，写下了这样的话："最美好的女性，最美好的生活，谢谢你们！愿往昔归来，愿幸福归来！"

这幅水彩画获得很多好评，我自己也特别喜欢。画中的两位主角也很想要，她们也觉得，画中的她们如此美好。我不知如何取舍，觉得那幅画对我也有很重要的意义，所以，决定用油画棒来照画一张。

裱好画纸，刷好底色，放了几天，昨天上午开始画。这下才发现，复制给人的感觉真是不好。复制，已经不是绘画了，自由不在了，灵感也不在了。所以，最后完成的作品呆板无趣。表面上看，这张画是那张画的复制品，但这的确已经不是那张作品，它只是徒有外表。

后来，就跟西闪讨论。因为我以前也发现，复制的作品怎么都比本身差。按理说，自我复制，应该不是技术的问题啊。

是因为临摹吗？

西闪说，这不能算临摹，只能算复制。如果对着别人的作品，画一张，才叫临摹啊。那种临摹也能产生很好的作品的，比如中国古画，经常有学某某什么笔意图，本身也可以成为传世好画。这种临摹，就有自己觉得的不可把握性。而复制，你本身已经画出过那幅作品了，这对你已经丧失了不可把握性。

我明白了，就像写生一样。

写生也是比照着画，但也因为觉得不可把握，画前是无法完全想象画完的效果。正是不可把握性，才是艺术的魅力。换种说法，也可以叫作激情。

如果一个技术高超的画家，完全能够把握写生的结果，写生的乐趣就少了，所以，才要创作。创作才能达到最兴奋。

因此想到文字。也许，按虚构性和非虚构性来分，能和画画的这两种状态相似。非虚构性像写生和临摹，而虚构性像完全的创作。

又想到印象派的写生，同时是一种创作。因为他们对光阴的捕捉，极度敏感，像是在挑战造物主，相信在作品完成之前，画家并不能完全预期作品的样子。

自然，又联想到现在不少功成名就的画家，根据订单画同一主题，画成完全标签性质的作品，甚至千画一面。那这对于他来说，真的连临摹都不算，只是复制。想一想，这样的画家也真够可怜的。多么无趣啊。

听说，一著名画家在酒后大哭，说，自己现在不能画自己想画的东西，因为被画商包断了风格。我听后，冷冷地说，又没人拿枪逼着他。有朋友觉得我不厚道，说，要是以后出版商包断你，指定只能写一种东西，你为了钱，不得已而为之，你就明白了。我认真地想了一下，告诉他：不会，这个我知道。我就是因为喜欢才选择的写作这条道路，为挣钱早干别的了。

取名记

哥哥打来电话叫帮着他儿子取名字的时候，我们才一下子慌乱起来。

嫂嫂在怀孕的时候，我们一天天算着，一天天盼着，可那种感觉太概念，好像只是一个外地的朋友要来，直到现在嫂嫂去了医院，哥哥要我们想名字，我们才一下子觉得，真的是一个新生命来了。

哥哥说，孩子的名字要在出院前想好，因为出院时要填出生证。而这个名字，最好就不要再改了。

取名字，这件事让我觉得太重大了，头脑一下子嗡嗡的，不知如何是好。第一反应是，遇到这么重大的事情，还是在传统中寻找的好。

我先是搬出《唐诗三百首》，接着搬出了《李白诗全集》《苏轼诗文集》《辛弃疾词选》《曹操诗全集》《诗经》。

李白的诗是我最喜欢的，可仔细想来，他诗的内容却入不得名字。都是太大的东西，动不动银河、九天、三千丈、万古愁。太大的东西，太重的东西不宜加给孩子，像宇宙啊大海啊昆仑啊，我可是希望孩子不要承担那么重。

另外几个喜欢的诗人也大都如此。特别是辛弃疾，诗中的不平之意太多，给孩子也不好。

但在这些中间，还是想出许多方案，比如，“自悦”，取自孟浩然的诗，“隐者自怡悦”，如果孩子能够快乐自得，就是最好的了。

爸爸和妈妈给他们孙子的名字也取了出来。

爸爸取的是“广智”，希望孩子聪明智慧。妈妈取的是“有容”，有容乃大之意。

西闪也取了一系列。因为他特别喜欢传统的名字，先就取了一堆带“伯”字的名字，因为哥哥的孩子是长子嘛。

我们把取出的名字，先要看看笔画是不是太难，会不会有不好的谐音，会不会让孩子将来在小学里被人取不好的绰号。接着用读音筛一遍，用普通话筛，再用四川话筛，因为哥哥讲四川话，再用广州白话筛，因为嫂嫂是广东人。这样一筛，淘汰掉许多。我又到网上查一下笔画是否好。其实我本来也不信这个，但是关系孩子，越慎重越好。

经过重重关卡，几乎就剩不下什么名字了。

我和西闪只好再接再厉，再想。

我们把想出的名字，写在几张白纸上，长长地排在那里，几十上百个名字，就像一个庞大的家族。几天来，脑子里乱乱的，只有一大堆汉字，别的什么都装不下。我想起，我们出生的时候，父母大多给我们取些革命的名字，其实，未必是他们内心革命，或者要把孩子的名字取给别人看，可能当时脑子里成天只装着这些革命的字词。

西闪取了很多关于君子情操的名字，比如“至简”“随之”“尘外”“九思”之类。

其实西闪平时算得上起名高手了，他常想出很好的栏目名，书名，文章名，网名。我如果给自己取个网名笔名也是很容易的，因为那时没什么忌讳，怎么都敢。可对这个孩子就不能这样了，这个名字要一直跟随着他呢。其实我就希望孩子平安喜乐，也不要求他建什么功业，所以名字能给他祝福就是最好，其次呢，才是品德情操，因为品德情操是可以教导来的，而好运是天赐的。

我把筛出来的名字又一个个发给哥哥，他在那里也斟酌不定。

直到出院时，才打来电话，他用了“与点”这个名字。这是我取的，来自我最喜欢的一段话。论语里孔子说的：“吾与点也。”孔子赞同曾点的是，没有经国大抱负，只愿春天和朋友们在河里洗澡，吹着风登高唱歌。

生还是不生

生还是不生，这对于女人也许不亚于哈姆雷特的难题。

曾经我和我身边的许多朋友都认为这不是个问题。我和他们一样，都没有打算过要孩子。

可最近有了动摇。

究其原因，也许是因为我哥哥小孩的诞生。从给他取名，到看他在照片上一点点长大，心里忽然觉得孩子挺好玩的。这种心底里忽然软了一下的感觉，恐怕就是母性吧。

我以为我是一个没有什么母性的人。如果一大帮朋友出门时，偶尔有谁带了孩子来，我需要尽力克制自己的不耐烦。可能我心理上觉得自己尚是孩子，需要别人宠爱，有了真正的孩子出场，不是把我自己的风头都抢去了？

我和西门家的人在一起后，我开始是想过要孩子的，那种想法是像过家家一样的，有爸爸有妈妈有儿子有女儿。后来和西门家的人生活在一起了，觉得彼此亲爱，哪里用得着第三者或第四者。（把孩子当作第三者，恐怕会招来很多非议吧?）

有的家庭要孩子，是想用来加强感情，巩固家庭关系。可我们感情已经很好，孩子反而没有加强的作用了，却可能成为两人世界的介入者。

可有时又觉得气短，因为我谈的一切都是因为我没有孩子，如果有孩子也许认识就完全不同了呢?

我外地有个女友，最近也有了孩子。她以前差不多算个工作狂和娱乐狂。工作和玩都很疯，现在初为人母，就转了性子。她每天写亲子博客，写孩子点点滴滴的变化，她在标题上这样写道："我亲爱的宝贝，你是落入凡间的精灵，你拯救的不止是我的心。"

这句话也对我很有诱惑性。我想，如果一个人有了孩子，那她/他看世界的眼光就完全不一样了吧。

另一个孩子已经七岁的朋友说："孩子的好处和坏处相抵后差不多是零，但至少还有几十斤的肉。"这么一讲，很能打消人要孩子的念头。

但这事情又是不可假设的。你如果有了，就得一直承担，你如果没有，你就没有体验，它不是一个可以浅尝辄止的事情。

这就如每一条你没有走过的路都会诱惑你，我陷入了矛盾的心绪中。就如有两个观点交战一样，一方说：如果有了孩子，生活一切都会被改变，再没有独立和自由了。另一方说：其实工作啊生活啊并不都是满满当当的，养育孩子并不会需要更多的时间。这方说：我对世界本无乐观想法，有什么理由带孩子来承受这个世界。那方说：其实孩子也是独立个体，世界好与坏他都得承受。这方又说，人已经很多了，我并不觉得留下 DNA 的重要。那方再说：孩子只是一种情感关系……

这种矛盾让我心事重重，在我心里，如果一方面意见占了上风，那马上反对的声音就更强烈了。

一天，我在街边，捡到一只很脏的猫仔，它很冷，我顿时手足无措。我以前立誓不在家养宠物的，因为我觉得一旦养了，就责任重大，不能抛弃，哪怕宠物会把家里搞得又脏又乱。但看着这瑟瑟发抖的小猫，我想，如果它真的是只流浪猫，我就只能把它带回去，给它吃的，给它一个暖和的窝。还好，我捧着它在附近询问，找到了它的主人。

但这个过程，让我一下就明白了，关于孩子，不是一个可以考虑清楚的问题，仿佛命运，来了，你就只能接受。

闲居读杂书

对于我来说，今年不同于以往任何一年，是我对理想生活的一种尝试。

我在家里越呆越懒，近的朋友有的羡慕，远一点的朋友每次都问我，闲够了吧，什么时候出山？

不同于我的环境与心境，就很难理解这一点，会简单地认为，只是累了的一种逃避吧，所以常常有外地的朋友打电话劝我，这样待久了不好。

这个问题怎么能沟通呢？我唯一可以告诉他们的是，我在看书，我在晒太阳。

今年看的书从数目上并未比往年多多少，但实际变化是非常大的。以前我读书是因为两大类别，一是自己喜欢的东西，比如一些小说之类，用以安慰自己的精神，但更多的是工作用书。我的工作用书听起来好像比别人的那些工具书要高雅，因为我很长时间做传媒的读书版块，所以要阅读大量的新书，都是来源于出版社、书商、作者、市场。这种阅读，是为了写书评，或新书推荐，或做作家访谈，所以都读得浮光掠影，吃进了大量的垃圾，也因此养成了我的一个癖好，就是扔书。我把那些让我读后如食苍蝇的书统统扔进垃圾堆，以弥补精神所受的损伤。

所幸的是，今年我已经没有什么书好扔了，最多只能扔扔杂志社寄来的样刊，那上面有我为生活写的稿子。

今年读书的时候再不会去想，呵，这可以做一个什么选题，而真的是因为兴趣，或者因为喜欢。

以前总是听人讲女权主义，也跟着乱发些言，甚至在我最后做的那份杂志我还用这个东西做选题，其实女权主义到底是什么样的我并不清楚。我辞职后第一个念头就是找这方面的书来研究一下。以前也有一点这方面的书，比如《女性主义神学景观》，可像我这样缺乏理性思维能力的根本看不懂太艰深的文字。我找来一本挺综合的《妇女：最漫长的革命——当代西方女权主义理论精选》，读得我乐不可支，完全当作一本笑话来读了。虽然读出的效果如此，但也算是解了一惑。

在读小说方面，我的问题和出版社的问题基本是一致的。因为经济之类的原因，出版社出版的最多的翻译小说大多是美国、英国、法国，好像人家经济好，政治地位重要，小说也一样的有地位。打破我的这个观念是因为今年学会了看世界杯。

看世界杯的时候，我才发现了各国各民族的性格是如此的不同。说句让大家笑话的实话吧，以前在我眼里，整个西方是没有什么大分别的。看世界杯我发现我最喜爱的球队是西班牙、葡萄牙，喜欢拉丁民族的那种热情奔放的性格。我想起我在电影上面的趣味，我一直最喜欢西班牙的电影，喜欢他们那种开朗、热烈、情绪化、缺乏逻辑，甚至无厘头的风格。也还包括他们的美术与建筑，一直都是我喜欢的。因为这样的原因，我才开始寻找拉丁语系的作家。果然就找到了一些。其中最让我激动的是保罗·科埃略。

保罗·科埃略是巴西人，但很长时间在西班牙生活，深受西班牙文化影响。我最先读的他的小说是《韦诺尼卡决定去死》，读得让我十分惊叹，小说是又有趣，又现代，动人心弦，还大有深意，以至于我的一位女友读后认为此书都影响了自己的人生观。接着找了作者的另两部小说来看，《魔鬼与普里姆小姐》《我坐在彼德拉河畔哭泣》。这两本小说一样是精彩的作品，可风格写法差异很大，更让我对作者钦佩不已。看他的小说一边看一边赞叹一边惋惜，因为以后由于国内翻译出版的关系，可能很难再看到他的作品，真是看一本少一本，这感觉在前两年读聚斯金德的《香水》的时候，在读王小波的小说的时候，都曾有过。唯一庆幸的是我现在的眼光打开了一些，至少还有可能去发现其他的好的作家和好的作品。

今年要感谢有两三个朋友对我的影响，他们让我去注意一些折价书店。这对于以前一个凡事逐新的媒体青年是不可想象的，今年在他们的带动下，我发现折价书店里有很多被我错过的忽视的好书。最让我觉得重要的是这引起了我对传统文化的兴趣。

以前读书的时候，总是认为西方的、现代的，才是好的，那些跟中国古典文化相关的课程我从没认真学过，细究原因，除了年少时的情绪心态外，中国的五四以及以后所有的文化运动也都是一致地排斥传统文化，这些都对我有过很多的影响。

今年在一些折价书店买到了一些比较浅显的古典书籍，很快就被它们迷住了。其中最典型的是《世说新语》。我以前甚至以为古书永远是晦涩难懂的，如今真正读了，才发现是那样的有趣生动，古人思维历经千年仍让人觉得跟所谓的现代意识很多都是相通的，更妙的是那些文字都简洁漂亮，每篇都算得上是真正的好随笔，这是当今的随笔作家远不能望其项背的。

可能因为都到了思考一些问题的时候。一位好友在看了很多哲学书以后最近在看关于自然科学的书，我却想在下一段时间里看一些有关宗教的书，最想了解的是佛教。

能纯粹地想一些问题，也许有人看这是病吧，我却以为是福。

人生最初的书

前段时间，我常去的一个 BBS 上有网友贴了一则消息。大意是，河南的一间希望学校准备建一间图书室，希望在网上征集捐赠图书。

这个消息出来后，反应热烈。我也很积极地跟帖，准备捐书。

其实给希望学校捐赠或者捐助贫困学生的途径还是有很多的，但一定远不如这次的反应。

我想，这其中一定有一个观念的原因。

大家对各种捐助活动的信任是一个问题，对捐助活动的作用认识又是一个问题。

我听一个去山区教书的志愿者说过，他所去的那个地方，土地贫瘠，山民懒惰而绝望，但酷爱酗酒，醉酒是他们最快意的时刻。他除了教书外，还有个很重要的工作是调查贫困的家庭，把真实情况公布出来，给最贫困的学生争取捐助，让他们不至辍学。但同时，他又很困惑，这些家庭情况大体相差不远，都很贫困，比较是个困难的事，就算替其中一些家庭争取到捐助，也许只是给他们的父亲争取了酒钱，会辍学的学生还是要辍学。

我出于同样的困惑，因此没起过念头要用财物去支助谁。一个传统观念对我影响至深："救急不救穷"，穷是救不了的，如果人不自强，怎么救？当然，也许有些人看起来，会觉得我生性凉薄。

但这次，河南这所希望小学募集图书的活动却让我很积极。因为图书跟其他商品不同。图书在价格上是不高的，如果它不对你起作用，它便没有价值，如果它对你产生作用，却可能改变一生的命运，它的价值无可估量。好的书是人类精神的凝结，是像火种一样的东西，即所谓的"薪尽火传"。

许多人都能讲出小时候对他真正产生启蒙意义的书籍，它会是人生之书。这种书不是简单地教人句读，它传达的是一种精神。

就我个人而言，最早对我产生了深刻影响的书是《安徒生全集》，而且主要是他的后半部分，他写给成人看的那些忧郁的，充满人生缺憾的那些。这导致了我很小就愿意退出大众的立场，独立看待这个世界。

周围年龄比我稍长的朋友，小时读书的来源更少，但也总有书对他们起了醍醐灌顶的作用：比如《唐诗三百首》，比如《三国演义》。我想，农村的孩子，家庭教育条件一定是极不好的，课本以外的好书当然是很难有机会接触。基于这个想法，我选择了一些我认为能对人生产生影响的好书，并按照那个募集图书的帖子的意思，先把书单贴出来。

其他网友的书单也纷纷贴了出来。

争论也随之出来。

有的人认为，应该给农村孩子看有用的书，而不要沉溺于那些不切实际的童话。这种意见慢慢就占了上风。网友们普遍认为，农村的孩子需要的是教学参考书。

主持这次募捐活动的网友也出来说，第一，他们需要的书是能针对低龄孩子的，而且农村孩子的阅读能力和理解能力远比城市孩子要差。第二，他们做这种活动是为有条件的希望小学建立一间图书室，所以有两百本的限额，如果达到两百本后，他们就准备为下一所小学建图书室，推而广之。言下之意是，如果不是学生都能看的书，占用这有限的名额是不好的。

我知难而退。随后和一些朋友找到了全国那所唯一的民工大学，为它捐了一些书。后来，机缘巧合，我认识了一名在广西支教的志愿者，我便寄了几本书给她班上的孩子。

这几本书，有的是抒写乡土的，有的是介绍国外的世界的，这是我以为可以给孩子打开一下眼界的，另外的几本是很优秀的少年文学作品，是我自己都很喜爱的，我认为对于成人都一样是好作品，它讲述的故事后面有厚实的人生。

书寄出以后，我陷入了忐忑不安的状态，我想，这些书孩子真能看懂吗？另一方面，我又想，哪怕其中只有一个孩子，受到这些书的影响，能够成为有独立意识有精神追求的人，就是十分好的事了。

重大的轻愁

如同世界上的很多事一样，你认为有，便是有，没有便是没有。

如同爱情，你相信有爱情，你便看得到爱情，才可能得到爱情。如果你相信没有爱情这个东西，爱情这个东西，就当真只是个幻象。

有些愁闷也是。

比如，最小的一种愁，为送朋友什么礼物发愁，为送圣诞礼物发愁。

美国肥皂剧中，经常表现这个，可见真是一件重大的轻愁。

The Big Bang Theory（《生活大爆炸》）是讲述科学狂人的生活窘事，自然，他们要应对起这种圣诞礼物的事情就非常困难。Sheldon是理论物理的少年天才，同时也是超级的生活情感社交多方面的白痴。他一直声明自己不接受礼物，也不送出礼物，就是以免自己欠下人情债。他不但发表声明，还罗列出一长串公式来计算这个人情负累。

可是美女邻居 Penny 热情开朗，要送这几位科学家圣诞礼物，这就把 Sheldon 难倒了。

他多方求教，听说送女士浴室套装非常保险，于是去到商场，买下数种包装精美的沐浴礼品套装，价钱从低到高，买了一大堆。先藏起来，准备看到对方礼物以后，再按对方礼物的价值，拿出相应价值的那一套浴室礼品套装送给对方。这样，便两清了，既送了礼，又互不亏欠。

这种心情，我们在《老友记》里也看到过。那是他们这些老友在一起几年以后的一个故事。菲比和瑞秋每到圣诞节来临之前，就要到莫尼卡的房中翻找礼物。她们是想在得到莫尼卡的礼物之前，先偷窥一下，这样，才不会在送礼的时候处于下风。不能比对方的礼物小气，也不能比对方的礼物没有创意。钱德在菲比和瑞秋的带动下，也开始一起翻找。但是，总是翻出莫尼卡预设的“陷阱”，翻出一个个空盒子，里面的纸条上写着对他们偷看礼物的嘲笑。

再讲回《生活大爆炸》，当 Sheldon 见到 Penny 送给自己的礼物时，才觉得自己把再多的、所有的“浴室礼品套装”送给对方也不能两清。因为 Penny 送给自己的是针对自己的爱好，很难才找到的，一个在别人眼中未必值钱，只有自己心中才觉得求之不得的东西。

当然，准备这样的礼物是困难的，有心人才做得好。这时候，情意本身，才是真正的礼物。

《老友记》中，几个老友在一起不久，圣诞节前一天，菲比要去郊外寻找失散多年的父亲，钱德和乔伊相陪，计划回来还要给各位朋友买圣诞礼物。

谁知，菲比在父亲门外逗留了一天，也不敢进去相认。钱德和乔伊便错过了商场的营业时间。

到晚上，众人分发礼物的时候，他俩拿出来的是在回来的途中，经过汽车加油站买的小东西。雨刷、汽车香水……没有汽车的朋友们收到这些，知道这个原委，他们仍是高兴的。而且，大家送给菲比的礼物，其实也就是希望她能找到她的家人。

要说到最厉害的圣诞礼物，还是欧·亨利的《麦琪的礼物》。小夫妻没有钱送对方礼物，只好卖掉自己最心爱的东西——美发和金表，为对方买下最好的表带和发饰。直到送出礼物的时候，才知道，对方已经用不上这个了。

故事讲成这样，搞得太狠。生活本来都该举重若轻的，偏偏过个节日，都要搞成举轻若重。所以，这样的思路，当代的剧里就少了。

情意送到才是最好，为礼物发愁，本来也只应该是一种轻微的、甜蜜的、恼人的情绪，是重大的轻愁。

世界杯的男性之美或人性之美

我写这篇文章的时候，刚刚看了西班牙和瑞士的那场战争。西班牙一如既往的华丽，配合精妙，不停地从后方把球带进前场，眼看着就要进球了，但却都差一点点，球一直没进。

后来，倒是瑞士抓住机会，反攻一球。

西班牙慌张了，于是打得更加冲动，危险，后卫也忘记要防守，冲到前方想要射门。于是，险象环生，差点再失一球。最后，这个被大家认为夺冠热门的球队，在小组赛的第一场就输了。他们 27 次射门未果，却败给了仅有 3 次射门的瑞士。

看得我一直把心提着。我喜爱的西班牙球队，就这么输了。一如他们永远的风格，热情，冲动，浪漫，细腻，但只能打顺风球，输不得，一输就急躁混乱。我给他们的评价是胜必骄，败必馁。

我看得生气，扬言：再这样下去，我就不喜欢西班牙了。但我也知道，我喜欢他们的，也就是包括这些，包括这些优点和缺点。这是我欣赏的一类男性之美。

我眼里的男性之美，样貌之美是次要的，性格气质体现出来的美感更加重要。

所以，最打动我的一场球，是 2002 年韩日世界杯，葡萄牙和韩国小组赛对抗。那一场的裁判非常偏颇，完全偏向主办方，裁判轻易罚下场了两名葡萄牙的球员。在 9 名队员对抗韩国 11 名队员的时候，葡萄牙打得非常艰难但也非常顽强。那是在一场大雨之中的比赛，我还记得，菲戈在雨中奔跑呼喊的样子。我觉得那就是展现了男人最美的东西，责任、坚强、成熟和英雄气概。再加上不公的命运，更有了英雄末路的美感。

那一场，葡萄牙是输了。可在我心中，虽败犹荣。韩国队是赢了，可好多声音开始诟病那一届世界杯裁判的不公。

那一年，韩国队一路凯歌，最后获得第四名。我却不会喜欢他们，我不会喜欢那种胜之不武的男人。

还有一些球队，打得虽然不好看，防守反击型的，以守为攻，但效率却高。这种球队我也不喜欢。

意大利队就是这样。好多女人喜欢他们，觉得他们长得帅。

但我不喜欢。我觉得男人应该热情开朗，应该主动，应该有激情。而意大利经常体现出来的是一种功利和算计。虽然容易成功，但却是最不值得爱的男人。

还记得上一届世界杯决赛，法国队和意大利遭遇。那一场既是争夺冠亚军的战争，也是齐达内在国家队的告别赛。在赛场上，全世界的注目下，齐达内忽然一怒，把意大利的马特拉齐顶翻在地。裁判当场把齐祖红牌罚下。后来知道，马特拉齐使出阴招，连连以猥琐之语辱骂齐祖的家人，引逗齐祖犯规。这让齐达内以这样的身影告别世界杯，也让法国队无缘冠军。但是，却赢得了我和许多人的尊敬。

最好的男人就是这样，坦荡勇敢，保卫所爱之人，虽然也许会因此失去一个世界。

今年世界杯，有一个男人值得关注。他就是马拉多纳。这次他作为阿根廷的教练而来，但他多想重回赛场啊。他穿着西装，站在球场边上，不停地奔跑呼喊，比场上的球员更加激动，恨不能换上球服亲自上场。

有足球滚到场外，他跑过去，用穿着皮鞋的脚踮起来，玩两下，才恋恋不舍地还给人家。

那种天才气和孩子气混于一身，实在让人莞尔。

他在新闻发布会上，和老对手贝利、普拉蒂尼打嘴仗，一点不服软，真刀真枪明着来："他们的话我并不感到惊讶。我觉得贝利应该去博物馆。而普拉蒂尼，我能跟他说的话只有'你好'和'再见'。我只知道他是法国历史上最伟大的球员。"

他不爱穿西装，只愿穿运动装。结果，女儿跟他撒娇，要求他穿正装。他便乖乖地穿上西装打上领带，但一样地在场边又蹦又跳。

既是可爱的男人，也是可爱的父亲。

我觉得喜爱男人外表之美的是一类女人，她们会喜欢贝克汉姆和意大利，而另一类会像我这样，喜爱的是男人的性格魅力。

就像作家王小波和他笔下的主人公王二，在我眼中，就是最性感的男人。孤独的骑士。

把这称为男性之美都狭窄了，准确一点说，应该是人性之美。

那些开朗、激情、勇气、智慧、担当让我心仪，那些易碎的、脆弱的、果敢的、天真的，也会拨动我的神经。

让我心心念念，为他们熬更守夜一个月。

误读的焰火

刚刚去看了法国 F 组合表演的焰火音乐会。

本来以为只是放放礼花，热闹一下。电视上说，法国的表演有真人踩着高跷。我想，那一定很是热闹吧。

我全部的憧憬其实就是热闹，像过年一样。

场地很大，一排排塑料椅子紧紧相连，在黑暗的空坝坐着等待，仿佛多年前等着看坝坝电影。

几声信号弹似的响亮的礼花快速地升起，就好像宣布演出开始。前方的一个高台上，一个人走了上去，他点燃了一个像火炬一样的东西，火焰一下子腾了起来。他开始玩火。

火焰在夜空中，在风中，像一朵朵的红花一样绽开。配合着音乐，慢慢我们看明白了，这个人取火后开始打铁，他在冶炼着什么，于是铁花四起，火红色的。随着音乐，火焰四下腾起，在夜色中一朵朵地飞升。就像电影《指环王》啊，宏大而神秘。

这一幕结束，礼花四起。音乐声还在继续。

几位演奏的音乐家，在几个台上，安稳地坐着，任凭火花礼花从脚边飞起，在整个演出中，都安详地演奏着。

接着的一幕，铁花变成了蓝色的火焰，一个旋转的巨大的喷射火花的轮子升上了天空。音乐声里有了汽笛。四下的礼花变成细碎绚烂的钢花。在往后，在中间高台上的人，仿佛在舞动电焊，在舞动电锯，和天幕上的礼花呼应着。

他们连劳动，连现代工业，都能找出这么多诗意。我由衷地赞叹着，太厉害了，太厉害了。没想到这根本不仅只是放一些礼花，原来是一台这么绝妙的表演。

舞台上的表演内容更接近科技时代。演出渐渐到达高潮。

和着音乐，礼花在天幕上呈现无穷的变化。像锦缎一样，像天上有一件最华丽的衣服。像最美的梦一样，火花交织，火花纠缠，变化不定。像满天的流星雨，你的眼睛不知该追逐哪一颗，你还在犹豫的时候，又换出新的花样。又像最巨大的花，在你头顶上向你开放下来，就像幸福的种子，要扑到你的怀里。

我心里蹦出一串串形容词，那些形容词平时觉得陈词滥调，怎么都想不到用的。这时才觉得这些词原来这么贴切。火树银花，不夜天，金碧辉煌，漫天花雨，金风玉露……

面对满天焰火的时候，我不由得想，世界还是很美好的啊，我应该对世界的未来有些信心。我对世界的悲观看法，这时全无踪迹。

我也握住身边人的手，觉得满心欢喜，满满都是幸福。

每一次最热烈的焰火冲上天的时候，观众们都会爆发出欢呼，我们同时又都在担心，会不会这就是最高潮，这就是落幕。

最后还是落幕了。同人群，随车流慢慢离开的时候，人的心慢慢地从空中落下，回想那灿烂的一刻，仿佛一下子就很遥远了。人又从幸福中变得有些伤感。

回到家里，我上网查阅了资料，发现这台晚会展现的是另一个神话的主题，有许多内容其实被我们误读了，比如那个轮子，其实是太阳。但这丝毫不能影响我对法国艺术创造力的崇敬。那些炫目的焰火，华丽的音乐，那些跌宕起伏，那些想象的空间。

所有的经历都是心灵的养料

关于代价的这篇稿子，我迟迟不能落笔。因为很多事情，也许是被公认为代价，但在当事人心中，那未必就是代价。虽然那是付出，但身在其中，旁人觉得是苦，自己却不一定是那样的感受。

比如最近流行的关于“蚁族”的说法。有无数的惊呼哀叹，说他们是第四大弱势群体，仅排在农民、农民工和下岗工人之后。

先是有一本名为《蚁族》的书出版，接着有无数的媒体对于这个现象进行报道。

这种关注当然有其正面价值，但同时，也有可能给人一些误导，觉得，“蚁族”这样的生活真是悲惨啊。

我回想起广州九十年代后期的几大城中村，城中村因为居住便宜，很多怀抱新闻理想来到广州的年轻人都聚居于此。与他们毗邻而居的有可能是卖毒品的，也有可能是性工作者。

城中村的治安非常差，于是每户人家的窗子都伸出朝向各个方向的，呈扇形的防护刺网。从窗口望出去，就能望见天空被无数的尖刺划开。

但这也不是那么管用。

我知道南都有个记者，住在报业大楼旁的员村。有一日，正在上班，从单位大楼里望出去，正好看见一个小偷在他租住的房子的楼顶跑过。

他在这边着急呼喊，但那边根本听不到他的声音。

2000 年我到广州的时候，第一站是落脚于一个在媒体工作的女友家。就在那天，她走在住家的附近，被人从手里抢走了手机，她跑了两步，没敢再追，她觉得那人看起来像是一个“粉仔”。我一到就听到这件事，觉得很可怕，她却觉得没关系。她和她搞 IT 的男友，居住在混乱的冼村，一样生活得开心快活。

现在广州的城中村是差不多消失了，但我现在细想，觉得广州的城中村对广州的贡献中，其中有一条就是，容下了那些初进媒体的年轻人。广州有全国最好的媒体，有全国最自由的声音，这跟当时那些住在城中村的年轻人分不开。

这样的生活，我早年在北京的时候也曾经历。

当时，在北京一家报社工作，因为没有北京户口，所以只能拿极少的工资，是正式员工的工资的十分之一，只能租住在郊区的拆迁房里。住的地方不通公路，要走一里多的荒地，才能走到公路上。住的地方没有暖气，连烤火的炉子也装不下。冬天，全靠电热毯取暖。所以，那时我白天和晚上在报社的两个部门打两份工，除了能有多一点的收入，更主要的是，解决了取暖和吃饭的问题。

但那时一点也不觉得这种生活艰苦，只是把有些生活安定的媒体前辈感动坏了。有位前辈看了我的生活，甚至想组织他的手下来我的住处参观，要让他们忆苦思甜。

我当时有个在远方的好友，她也正处于漂泊状态。她对我说：“现在已经是最低点，以后怎么走都是在往上走了。”

我在我的长篇小说《实习记者》里记叙了这个状态。我把我那时的生活，移植到主人公杨蔓的身上。那种乐观向上，身处物质的窘境，却有最丰富坚强的精神，杨蔓不是一个孤例。只要怀抱着理想，就能忽视这物质的困顿。而年轻，有无数试错的机会，这才是最宝贵的财富。

因此，我以为，现在大家眼中的那些“蚁族”的困难，不是什么了不起的事。

许多人会把这些称为“代价”，我觉得这种说法严重了。我觉得这只是成长的土壤，而这种土壤是富含养分的。所有的经历都是心灵的养料。

所以，我在《实习记者》的序里写道：

“有的人青春期结束，人就定型了，不再成长，此后漫漫一生，只发生生理改变。但有些人，成长将伴其终身，他们经历的事情是他们心灵的养料，辛苦和甜蜜，对他们来说都是一样的宝贵，他们有时能感到像竹子拔节一样，忽然打通了一些关节，感到自己长了一大截，有时，自己都意识不到，好多东西沉淀下来，自己已经变得更通达更包容，坚硬的部分更坚硬，只有柔软的心灵一如既往。但愿这样的成长，伴我们一生。”

这个祝愿，不仅送给年轻人，也送给每一个人。

忍不住一开口就倾诉自己

我早就发现了，很多作家的第一部作品都是如此：忍不住的自我倾诉。不只是我刚刚读完的这本《少年巴比伦》，在第一部作品里急于倾诉自己的作家多到无法列举。甚至有的作家写了好些作品了，长篇小说仍是以自我倾诉为主题。像韩东已经出了第三本长篇，《小城好汉之英特迈往》，但仍是这个主题。

甚至不只是作家，但凡写字的人，都似乎立下志向，一定要写一本关于自己的小说。所以，诗人啊，媒体工作者啊，专栏作家啊，博客写作者啊，都会悄悄在电脑里开个头，准备写一写自己，讲述自己如何从一个懵懂少年变成今天的这个样子。

这种自我讲述的主题就是关于成长。

这几年，我读国内的作家这类作品很多。不从少年长出的第一根毛写起，就会从第一次梦遗写起，要不就写少年暗恋的第一个成熟女人……因为读得多了，我往往会把这些作家和作品记混，只记得，他们每个人都把自己的青春痤疮展示了一遍。

但我仍认为，这种讲述是有价值的。对于自己，甚至对于文学。

如果没有这种强烈的倾诉欲望，是很难产生好的作品。有的成名作家混来混去，混得练达了，肯定没了倾诉欲望，这时也就搞不了创作，最多只能写随笔了。

也是这个原因，作家们的处女作虽然生涩，但也可能有自己今后不能超越之处，说白了，也就是这种表达冲动。

路内的这本小说也是标准的自我倾诉。讲小城、工厂，刚刚高中毕业的主人公进入化工厂、成为钳工、成为电工、成为糖精车间的三班倒工人……这是无法概括故事梗概的，因为这本小说和这一类小说一样，都是急于倾诉，而基本没有中心故事。作家的追求不在情节，而在表述本身。

这类自我讲述的小说，都不看重故事，都只有一堆一堆的细节。路内是这里面讲述得很好的，叙述很有文学性，细节丰满，好看。这一类小说，如果没有这种把握能力，会搞得一大堆呓语，如同作者喃喃自语，读者如坠五里云烟，不知所谓。

路内细节讲得好，情绪表达得明白，但对故事情节仍是完全没有兴趣的，里面的人物，除了“我”，他几乎没兴趣去展开，对他们后来的命运，更是连一两句交待都不肯给。

吝啬到这种程度，在这一类小说里都少。

小说读完以后，读者既不知道，“我”是如何摆脱小城青年命运，去到上海的，女主人公白蓝的命运，也是只有个去向，具体的一点不明白，交待得最清晰的只有一个完全不相干的配角“郭大酒缸”。只是这种回溯式的叙事方式，让读者心有不甘，知道了过去和现在，就想知道中间的桥梁，想知道个所以然。

但这恐怕也是作者的自负，觉得，那一切都是不重要的，重要的是这个成长本身。还好，因为文字好，细节好看，更因为这个成长经历能引起很多同龄人的共鸣，这本小说阅读起来，还是让人愉快。

相比路内的这本小说，大多数自我倾诉的小说就没这么好读了。可以说这类作者不看重故事，不设计情节，不讲究结构，也可以说是，急于自我倾诉的他们，大多对情节和结构都没有把握能力，一方面迷恋自己少年时的身体变化，一方面玩味自己的心路历程。别的什么都不在眼里，不在话下。他们自我怜惜，大概以为，读者也对他们有如此怜惜吧。

王小波也曾说过，作家都会在作品里讲述自己，有的人用一部作品来讲，有的人终身都只讲述自己。他说的是讲述，而不是倾诉。这样看来，讲述自己是一种必然，但不一定是倾诉自我，有些高下之别。但总之是可以看作一个必经之路，当成一种必需的发泄，发泄后，也许有的人就能轻装上阵，进入更纯粹的写作。

绝对娱乐时代

这些天，在想一些事情。我是不擅长想事的，最容易想糊涂。好在，经常在想的时候，能碰到也一样想事的人，或者书。这种精神交流，让人很快乐。

本来龙应台《野火集》是买来送朋友的，因为多年前看过，没想过重看。但这次无意间拿起，翻开，看到龙应台新写的序，觉得很好。她所谈到的也正是我这些日子在想的。

先录一段如下：

“20 年前写‘野火’的时，我知不知道‘我们在失去什么’？我知不知道，我所追求的自由，会邀来另一种敌人，一种以庸俗浅薄为时尚、以‘绝对娱乐’为目的、以行销消费为最高指导原则的生活哲学？……”

从不太远的时间起，恶搞变成了新闻的一种做法。刚开始，我也以为这是一种有效的方式。早些年，最先变得好看的是体育新闻。大家在做体育新闻的时候花样百出，言无禁忌。之后，娱乐新闻取代了以前的“文化新闻”。最近这半年，社会新闻也变得非常娱乐化。不是新闻事件本身有多么娱乐，而是报道方式灵活多样，走在前面的媒体愿意选择一种搞笑甚至恶搞的方式。算起来，这是娱乐化逐渐占据思想的一个标志了。

可这能带来什么？

我是个审美趣味有娱乐倾向的人，是个对自由和多元要求较高的人。所以一开始我对这种娱乐方式是比较赞成和欢迎的，我还觉得恶搞这方式既民间又民主的。我现在忽然意识到不是这么回事。

就像网络匿名发言就能代表大众吗？

看看那些最有人气的门户网站吧，那些匿名跟帖多的博客或新闻，点开一看，就会发现，那里最容易暴露人性的黑暗。或者说，是集体的黑暗？

跟西闪也讨论此事。说到了周星驰。西闪说：周的转型也是他意识到了这点，现在他的电影哪里是简单的搞笑，搞笑的只有细节，整体上，周星星的电影严肃起来了，有思考。具有了真正好的品质。

有个朋友的签名档是“若批评不自由，则赞美无意义”，近日，还看见他写文谈到此事。

其实反过来，也是“于无严肃处，搞笑也没价值”。

龙应台在文中，以为是台湾的事，是他们的读者和年轻人被“绝对娱乐世界全盘统治”。其实更多地方也是如此。

比如，我越来越发现，愿意阅读、有能力阅读的人越来越少。你翻开一本刚刚翻译过来的好书激动不已的时候，看看版权页，发现它只有几千册的发行量。

有一天，朋友喝茶聊天。一友说：“罗大佑太可笑了。”

众友无语，是的，他现在这表现，我们说不了什么。

一友又说："当初他的那些歌词，写得跟诗歌一样，太可笑了，一点不生活。"

这话一下就把大家惹着了。

众友说："是，我们不就是那样过来的吗？"

罗大佑的时代，其实也就是龙应台以前"野火"那个时代，也是我们十多二十年前吧。

那时，离这个娱乐时代还远得很哪。

那时，大家认真想事，歌唱爱情。

品性、 灵性和慧命

看电影《死亡诗社》，看到一群17岁的中学生在老师基丁的启发下，萌动了对诗的兴趣。老师对他们说，在座的每一个人最终都会死亡，能让我们不一样的就只能抓住此刻，表达生命。此后，老师启发他们珍视个体的价值，发现内心的声音，追求爱。

这一群孩子就像心灵被打开了窗子，他们阅读前人的诗歌，自己也开始写诗。

电影看到这里的时候，我就觉得，这群孩子多幸运啊。能在少年时期接受这样的启发和教育，有这样的老师和同学，一起往前走。

这些是能决定人一生是否有对诗对艺术的感觉的。这便是所谓的灵性。

每一个有灵性的人，有艺术感受力的人，在少年时必定有过这样的经历。只是未必有电影里的孩子幸运，未必像他们一样，有个非常了不起的老师来引导他们。电影《放牛班的春天》，也讲述了这样的故事。

我有一个非常好的朋友，他在高中的时候读的是一个很烂的学校，学生不听课，老师也不用心，他和他的几个伙伴也不听课，但他们自己阅读，读哲学、读艺术、读文学，读得比大学生还深，他们互相讨论，但也由于跟教育体制完全不合，年少的他们又有很深的绝望。后来，他读大学学的仍不是自己选择的专业，工作也不是自己喜欢的。

但十多年之后，他还是走上了哲学研究的道路，成为很优秀的学者。

从我们周围的人来看，也无法想象，一个在十多岁的时候，没有阅读，没有启开灵性的人，往后能有什么艺术和心灵的感受力。

但仅有灵性的开启也是不够的。在《死亡诗社》里，也有少年会选择告密。这不再是灵性，而是人品，是一个人的品性的问题。而这种教育，是早在几岁的时候就完成的。正如中国传统所说的“三岁看老”。一个人几岁的时候，已经决定了，他这一生，是勇敢还是懦弱，是慷慨还是自私，是承担还是逃避。而这些，最直接的教育者当然是孩子的家庭。

想到了人的品性和灵性的形成，就想到了成长还有一个关键环节。这个环节应该是在二十几岁。

现在回想起二十多岁的时候，就知道，仅有灵性是不够的，那时对这个世界的看法还是非常混沌。我们二十多岁时，周围的朋友，有的还是非常狂热的民族主义者，有的动不动就要去抵制这国那国。连岳也提到过他那时也有过这个阶段。但王小波改变了他。

连岳说：“王小波性命的结束，这个惊吓给了许多人慧命。佛家有言，害人性命还可谅，害人慧命不可谅。慧命如此重要，所以，他的死是值得的。”

我觉得连岳这个总结极好。人在二十多岁，需要开启并成长的，就是慧命。

简单说，就是一个人选择信仰、寻找理想，确立了自己的内心信念，不再被以往大一统的教育和虚浮的外界热闹蒙蔽。

所以，最幸运的人是这样的，在几岁的时候，有良好的品性教育，塑造了健康的性格，十几岁的时候，开发了灵性，懂得了美，二十几岁的时候，慧命开启，寻找到终身的信仰。

第七章

日常之毒

日常之毒

前两日，我见到了一个学生时代的女友。几句寒暄之后，她就讲起了她的情感生活。

三年前，她和男友结了婚。此前和这男友相交了八年，觉得大家年龄都差不多了，就结了婚。她说，他们也说不上有什么感情，特别是到了结婚的时候，彼此都觉得是一个交代，对婚后的生活都是不抱什么大的指望的。

她的工作忙，回到家后，就只想一个人安静一下。

他的工作更忙，每天比她早出门，一星期只有后三天在家吃晚饭。

她一般回家后，就在楼下小店吃点东西，然后就在家里上网。

他偶尔会通知她，他会回来吃晚饭，她也懒得做，最多在楼下小店多叫两个菜。

她说，我也知道，如果我多付出一点，他就会高兴，但现在我已经懒得付出了。我没有心思为了讨好他，辛苦了自己，我的工作还不是一样的忙。

那你们什么时候说话？我问她。

她说，基本上不说话。早上他先起床走了，晚上他回来的时候，我又在上网。不只是说话，我们连其他都没有了。这方面怪我，我可能有点冷淡，我主要是累了，我不想。我知道他有需要，所以他经常表现得很焦躁，但我觉得工作累人啊，回到家里就不想再委屈自己。

那休息日呢？她说，休息日我会用来和老同学老朋友聚会。我觉得和老朋友聚会，是精神层面的东西，这对我是十分重要的。

我对女友的生活觉得很奇怪，问她，那你有没有想过，久了，他会出轨？

她说，我当然想过，说不定已经是这样了。但我想，如果他不提出离婚，我是不会提的，夫妻久了，两个人没有了激情，却有一种亲情，他就是我的家里人，我怎么可能不要家里人。更重要的是，谁知道离了婚会比现在更好？我对一个人的生活很恐惧。我也知道现在这样拖着不好，但我没有勇气改变，不如等外力吧。

我问，那你可有其他的情感？

她说，我每天晚上上网，也在网上认识了可以寄托情感的人，但我们不见面，我不想把现实生活也搅到一起。但这已经很好了，要不我就太不平衡了。

听这位女友跟我描述她的生活，实在让我很惊讶。

她是一位外企白领，她口中跟她兴趣不合的老公其实是她的同行，在另一家外企工作。

我能想象很多人都过着的这种生活，这是电视剧《中国式离婚》之类流行的基础。但我仍不能理解我这位女友她如何平静地面对这一切。

这位女友在学生时代是以风格另类反叛著称，而现在她生活得这么心灰意懒。

能劝她什么呢?

劝她，在网上寻找激情，不如“惜取眼前人”?

或是劝她，没有了爱，不如离婚，当一个快乐自由的单身人?

保罗·科埃略在小说《韦罗妮卡决定去死》里面，写了一个对生活厌倦的女子决定自杀，而精神病院的院长认为，人们对生活感到麻木厌倦，是因为日常生活里有一种毒素让人中毒。只有清除这种毒素，人的精神才能恢复健康。

科埃略是个十分积极的人，在他的小说里，女主人公当然是戏剧化地被唤起了求生的愿望，生活在她的眼中变得无比美好。

小说里是这么描述这种中毒症状的：染上这种病的人会渐渐对一切都失去渴求，他们继续日常生活，但一切都是机械地进行的，内心并无任何激情冲动。患者每周日的下午，由于没有工作或常规例事可以减轻其症状，他们便会察觉到某种东西很不对劲。但到了星期一，他们立刻忘记了自己的症状，并诅咒从没有时间休息，抱怨周末过得太快。对于中毒的原因，院长认为，是因为患者由于害怕外界，因此对外界一切事物（比如陌生的人或新奇的事）过于防范，因此削弱了内部的抵抗。

科埃略的小说极富想象力与感染力，让你真的以为有这么一种毒素，也真有这么一位医生。

也许真是有吧，我这位女友，以及更多心灰意懒的人，都是中了这种日常生活的慢性毒素。

除了文艺你别无选择

好些年前，一好事者，分别对我和我的一女友说：“你比她文艺。”

我和女友当时的反应都是：“她才文艺呢。”

这家伙便对我们分别翻话，说：“她说你比她文艺。”

这话一传，我和女友都生了气，半年不理对方。

当然，现在看来，这似乎也可以定为文艺女青年的一大罪状。

现在试想一下，如果当时那个好事者说：“她比你文艺。”可能结果也好不了多少。

“文艺”什么时候变成了个怪怪的词呢，特别是和“青年”“女青年”合用的时候？

要是你现在说我“文艺”，我可能仍会环顾四周，对你说：“小声点，说什么呢！”

如果你现在去追求一个女孩，对她说：“你一点也不文艺。”她绝对不会认为是赞扬，会一翻白眼，怪腔怪调地说：“哦，那么你喜欢文艺了？”

我认识一个标准的文艺女青年，她见到别的女青年，一般看上几眼，就把对方分类。只有两类，一类是文艺女青年，一类是女文秘。

如果对方衣着规矩、言谈拘谨、神态保守，看起来像一个安分的公司女职员或者机关干部，那就被归类为女文秘。

反之，谈吐有趣，外表特别，表情生动，就是文艺女青年啦。

这种分类法当然很粗暴，但是，粗暴自有粗暴的痛快。你听了这两分法后，你怎么选择，你是选择当“女文秘”还是“文艺女青年”？

女文秘也有女文秘的好处。想必是人生按部就班，将来嫁个门当户对的人，步入婚姻家庭，然后有孩子，养孩子，送孩子去学点儿艺术，弹个琴画个画什么的，盼着孩子长大，盼着孩子能实现自己的梦想，盼着孩子风度翩翩气质超群多才多艺，有很多异性追求。唉，就是女文秘，也曾有过不切实际的梦想的。

当文艺女青年的坏处大家更是公认的。稀里糊涂，白日梦不断，为了点儿感情，常常搞得要死要活。亲者痛，仇者快。亲者说：“你怎么就不能踏实一点儿呢，像你的中学同学某某某，人家都有小孩了。”仇者说：“知道吗，那个谁，疯疯癫癫的，为了去那个什么什么地方，把工作搞丢了……那个谁，为了什么爱情，爱她的人她不要，偏要去追不爱她的人，现在……”

甚至，仇者可以把一大堆话，简化成：“那个谁，就是个文艺女青年。”

于是，关于文艺女青年的恶形恶状，就呈现在听者的眼前了。

大家要罗列文艺女青年的罪名，实在太多了，轻的像说话要说书面语，穿衣服东披一块西搭一块，重的就是换工作、换男友、换居住地，什么都换，只要是非物质的，然后声称自己不结婚，声称只爱陌生人，等等，有一大堆口号宣言。我还知道，更严重的是说话说的是舞台话，趁着激情闹自杀，一次两次三四次。

但是，你愿意选择去当女文秘么？

青春的时候没有燃烧过，等着下一代替你燃烧？成为黄脸婆以后，每天折磨下一代？和老公相互以冷脸折磨？当然文艺女青年也可能成为黄脸婆，毕竟概率要小很多，有以前的文艺底子，至少还是能知情识趣吧。

广大的男青年们，你们做好了选择么？如果你为了安稳踏实，不自卑，就怕了文艺女青年，那就去找一个女文秘吧，她会适合你。我认识一个非文艺女青年，她说："啊，你们居然会说'我爱你'三个字，太肉麻啦，怎么好意思说！"男青年，你要是怕文艺女青年，那么这个"女文秘"一定适合你。

话说回来，早些年的分类要细很多，那时，有"文青""艺青""滚青"等等，那时的分类分得细致温柔，大家对号入座，相安无事。现在合称了，这概念才变得这么粗暴，让人觉得又爱又怕。

恐无爱症

一个女友来找众女友借钱。一张口就是几十万。这一下就把大家吓着了。一方面对于靠写字维生的人来说，这实在是个很大的数目，另一方面，这女友平时经济状况并不好，但为人平和谨慎，处处替朋友着想，怎么一下子会有这种举动。

细问原由，她是替她爱的人借的。

她爱的人是个有妇之夫，是个生意人，她爱上他已经五六年。生意人最近要扩大再生产，所以要筹措一大笔资金。生意人最近很少见我的这位女友，女友十分焦虑，生意人解释是因为需要资金。她说，他的妻子是个十分吝啬的人，不肯拿出钱来支持他，她要找到这笔钱和他共渡难关，这是上天给她的一个机会。

共渡难关之后呢？女友也许认为他终于明白了她才是一片真心，会离了婚，和她永远在一起。

如果投资失败呢？我们问这位女友。她咬咬牙说，那我就把我妈妈的房子卖掉还债。

如果不是我们的女友，我们会觉得这就是报纸上的一条社会新闻的前半截。后半截多半就是“痴情女子失财失色”。

如果我们的女友年方二十，相信自己爱情能最终取得胜利，那谁都没有权利去批评她，她年轻嘛，涉世不深，世界总会慢慢教育她。可我们的女友已经三十五岁，走过许多地方，换过许多工作，也见识过不少男人，现在仍然相信一个等了五六年的，几周相会一次的男人有一天会为她离婚，而她应该为他付出所有。

这实在过分。这让人想到张爱玲这个冰雪聪明深谙世故的女子，当初在面对所爱的坏男人时也是“很低很低，低到尘土里”。

我问她，你如果不借钱给他会怎样？她说，那他和他妻子同甘共苦，他们就会永远在一起。

那又会怎样？我继续问。她说，那他就会离开我，我会没有爱情，我什么也没有了。

她对失去爱情的恐惧远远胜过了对失去朋友、亲人以及自己的尊严和未来的恐惧。也许这就是症结所在。

女人真的那么离不开爱情吗？

我的一个记者女友，前阵子去广东某地采访中国最后的自梳女。自梳是当地以前独特的一种现象，1949 年之后才消失。当地女子出嫁时应由母亲梳起头发，如果女子成年后立志不嫁，便举行一个自梳的仪式，成为自梳女，终生不涉男女，如果违反，将被族人处死。

我的记者女友满怀同情与怜悯地来采访这些终生一人的老太太，以为会有很多悲惨故事。谁知这些老太太大都活得很正常。她们自己劳动，性格健康。

问及她们当初立誓自梳的理由，有的人是因为觉得穷，不想子孙仍然过同样的生活，有的人是因为觉得媳妇的生活太苦，忙里忙外，还要受气。她们认为，嫁有嫁的好，不嫁有不嫁的好，“一个人过，可以有自由”。自然，这个“自由”，也包含有尊严的意思。

我这位记者女友最终感叹，她们没有爱情也能同样面对生活，虽然出于许多客观原因，但她们也是一些女权的先行者。

自梳女虽然是极端的例子，但更可以知道没有爱情的人生活也是很平常的。没有爱情不是最可怕的，还有很多东西比爱情更重要，更不可缺失。这个道理堪不透，有了爱情也未必会幸福。

中年猥琐男

我的青春偶像在唱歌。在电视上。

他是我青春时期的偶像，但现在大家都已不青春了。

他不仅不青春，还胖了，头发不多了。虽然仍穿着绿衣服，但是在肩上加了块莫名其妙的绿毡子，上面缀满了莫名其妙的流苏。

他唱的歌也不一样了。以前那种无所顾忌的愤怒劲当然早就没有了。

他现在唱的一首歌里说，一个男人在家里哄好了老婆出门去偷腥。

我心里顿时蹦出了个词：“中年猥琐男。”

我看到这个词是在我一位网友的签名档上。他勇于这么写，当然他自信自己不是。他当然不是，他是一个晚熟青年，没正经恋爱过，总是对身边经过的女青年想入非非，却又不敢行动。他总觉得她们太纯洁，太高大，“照出自己的小来”。

中年猥琐男也是这样的，对身边的女人想入非非，不过他们不是不敢行动，是怕麻烦，如果感觉不麻烦，没什么后果，他们倒是乐于沾染的。这个世界上没有后果的事基本上是没有的，所以他们一般就过过嘴瘾，过过心瘾，讲讲黄段子，走过女人身边的时候蹭一下子。当然最好在单位有一点职权，这样，让女人自动扑过来，之后再还她们一点好处。两下扯平，谁不欠谁，这也便算是没有后果的事了。

我的一位女友曾说，她喜欢的男人都是在二十八岁到三十二岁之间。因为二十八岁的男人比较成熟，有男人味，三十二岁以下的男人不那么功利，有人味。

当然这个分法太绝对。有的男人不到二十八，都已经修炼到没有一丝人味，怎样能达成他的愿望他就怎样来。也有的男人能永存一颗年轻的心，所谓赤子之心，到老都是那么可爱。

但这种分法，放到很多人身上却是基本准确的。

许多男人到了一定的时候，就把功名利禄放在了第一位，信奉成功哲学，只要能成功，其他的一切都要为此开道。我就听说过有的中年猥琐男是这么区分这个世界的女人的："上床的和结婚的。"他认为，对上床的女人，就可以要求她品味，气质，美貌；对结婚的女人，最重要的是温柔善良，相貌差一点更安全。他为了怕麻烦，认为一切最好用钱来解决，他觉得这是公平交易，他也认为，在这个世界，没有用钱解决不了的事情。

我在写这篇文章的时候，本来想把文章做成一个中年猥琐男测试题，后来想想，编辑可能会觉得这文体太不符合。后来我发现，其实列出中年猥琐男的种种特色，读者自己对照一下，你如果像上面那个男人那样的想法，也就算一个比较标准的中年猥琐男了。

不过，真是一个中年猥琐男，怎么会阅读书报呢？要阅读的人本来就是对世界有更多了解愿望的人，也大都是有梦想的人。当然功利性的阅读除外。

所以回到我的青春偶像身上，我并不认为他真的变成了个中年猥琐男。我往好处想，大约他当年的粉丝有许多进入了中年猥琐男的行列，他现在为他们歌唱，就得唱他们的生活。

我的其他青春偶像，比如周星驰，比如齐豫，都转了型，他们往更个人的方向发展了，因为更个人，也让我更喜欢和敬重。唯独这个青春偶像，他总是得当代言人，代表一群人，往后，他难道得代表中年猥琐男？好配合他们偶尔的怀旧？

不爱的大多数

表弟年方27，硕士毕业后进入机关工作，几年下来，职也升了车也配了房也有了，我以为正是一个大好青年情感生活最丰富的时候。他来出差，我们聊天，才知道他是一点情感生活都没有。

我问他，怎么不谈恋爱？

他说，我上学的时候，班上女同学很少，我又忙于学习，想着反正大学里的恋爱成功率低。工作这几年，也忙，又没有机会，女同事大都是已婚。现在27，早错过恋爱年龄了，现在如果要交女朋友都是奔着找老婆去的。别人介绍就去见面，看一下她是否合适当一个老婆。

我听着他这老气横秋的话就晕。27岁，多好的年龄啊，正是风流倜傥，一天天变得对女人更有吸引力的时候。别说27岁，我周围的朋友里，大他十岁的，二十岁的，都还在花开不败，一恋接着一恋，他怎么就老了。

我想着前几天写文章，还在给别人支招，怎么鉴别花花公子，和花花公子在一起的利弊，恋爱了到底要不要结婚，现在听到表弟讲这些，才想那文章对于他这样的人来说，全部都是废话。

以前也有过这样一次经历，那时我常在专栏里讲我们一个朋友阿多的故事，阿多是多情种子，每认识一个女孩就要追，其实也没多大的成功率。因为他总是花样翻新，百折不挠，我和其他朋友特别喜欢调侃他。

一次我碰见一个外企白领，他说他看了我的文章，对阿多佩服之极，觉得自己应该有一点他的精神，因为自己是绝对没有勇气去对一个在路上碰到的女孩搭讪的，以致光棍多年。

这个外企白领，几年后又来找我，跟我讲他的进步。他在出差的途中，认识一个女孩。这女孩漂亮大方，主动跟他说话，他们聊天很是投机，最后女孩要留地址电话，却被他拒绝，因为他觉得要陌生女孩的电话，这样太像一只色狼。

他讲到这个结尾，让我目瞪口呆，他却还独自沉浸在那场旅途艳遇中，他觉得这足以他回味一生了。

他跟我的表弟很有相似之处。跟我表弟聊天，更知道，像他们这种情况的并不是少数。因为我自己平时所处的是传媒圈、写作圈，这个圈子里的人情感活跃度仅次于娱乐圈吧，所以完全忽视了还有许多我们平时看不到的那些工作勤奋而生活平静的人。

表弟他们虽然没有什么恋爱机会和经验，但概念还是很多的。我问他，什么样的人是他想找的老婆。他说，家里不要是当官的，因为他不想让别人以为他是图这个，不要太有钱，因为他会不爽，不要太漂亮，因为会变心，还是要高学历，但不能是学文科的，特别是不能是搞娱乐搞传媒的，她在她那个领域里要是很有前途的，当然，家里也不能是农村的，因为生活上会合不来……

我听他讲了种种，唯一没有提到的就是两个人要有感觉，有激情，要相爱。我想，那些不爱的大多数，因为长期处于感情空白，他们欢乐的阈值是很低的，只要一点点的情感元素，就能使他们感到幸福了。只是，这一点点的元素，也会得来不易。

请问姑娘，你的性别

以前很清楚的事情可能突然一下糊涂了。

比如性别。

我们熟识的一个女子去查她的雌激素。

大约每个圈子里都会有这样一个女人。她热情开朗，粗鲁直率，讲黄段子，喜欢调戏男人，对他们动手动脚，如果男人能控告性侵犯，一定会有很多人告她，但她也毫无惧色，依旧我行我素，阴柔的男人对她想入非非，阳刚的男人对她敬而远之。女人对她的态度也会很复杂，一方面觉得她直率大方，和她相处轻松简单，可以讲一种女人之间的哥们义气，另一方面，又受不了她随时做出的那种色情姿态，就像随时要扑向身边的每个男人。这个猛女会让别的女人感到威胁和不安。

这个猛女进攻男人的同时，顺带着也喜欢进攻一下周围的女人。

比如，她喜欢在一个公众场合讲一个很下流的笑话，或者做一个A级动作，然后看着周围的女人面红耳赤，觉得很有成就感。当然，如果在场的男人也面红耳赤，她的成就感就加倍。她哈哈大笑，无比满足。

现在去查雌激素的女子就是我们这个圈子里的猛女。她见男人的第一个动作就是伸手去摸别人，口中说着，好久不见啊，胡子留起来了/头发长了嘛/肚子大了嘛/帅了……她的手就伸到了别人的胡子或头发或肚子或脸上。她看见女人甚至也会有相似的动作，会说着，你的腰真细/皮肤真滑/脖子真白/耳朵真好看……接着手也跟了过去。

这种触摸，是有点性意味的触摸，于是，被摸的人第一反应都是躲闪。男人被摸中了，多数会觉得尴尬，会不知所措。女人被摸到了，反应就会更大。因为这种摸，在女人的感受中，不比被男人性骚扰轻松。于是有的女人不堪其扰时就呵斥猛女："你，同性恋!"

后来，看到有的医学报道，说，男人和女人的遗传基因不同，男人是XY，女人是XX。但也有一些隐性遗传的，比如有的外表是女人，基因其实是XXY，所以她的内在更接近一个男人。

报道中列举了一些知名猛女。

这样的猛女，有女人的外表，可性格行为更为大胆，更具进攻性，对男人和女人都虎视眈眈。比如《欲望城市》里的萨曼达就是这样的一个猛女。

我们看到这个报道，第一时间就想到了圈内的这个猛女。

从心理上，我们也早就觉得她更像一个男人了。她喜欢的男人是害羞腼腆的像小男孩一样的男人，喜欢他们红脸低头的样子，觉得这样的男人才让她有安全感。她讨厌的是那种阳刚的，高大威猛的男人，如果和这样的男人在一个场合出现，她就喜欢百般挑衅。她对我们说，这样的男人让她不安全。而大多数女人，只会觉得阳刚的男人才带来安全感。

她的安全感是来自征服男人和保护男人，而别的女人的安全感来自被男人保护。

当我们对血清素啊、基因啊之类的听得越来越多的时候，我们也开始为她分析，是不是荷尔蒙啊雌激素跟常人不同，导致这些性格与行为呢？

她听了很多这些言论之后，终于从一个强者变成了弱者。如果活了二三十年，忽然对自己的性别都搞不清了，谁都会变成一个迷惘的弱者。

最后她去了医院做检查。几天后，她兴冲冲地拿着一张单子向大家展示。

我们看见那上面是些数字和字母。她说，雌激素正常。

这之后，她又变回了以往的那个强势猛女。

崩溃之年

我的几个女友，从她们男友或者老公身上，总结出了男人的崩溃之年。

男人的崩溃之年在 33 岁。

她们说，男人到了这时，差不多都要崩溃一次。

所谓崩溃，就是他们开始怀疑自己的从前种种，怀疑自己的爱情婚姻，怀疑自己的工作事业，甚至怀疑自己的价值观念，感觉受不了之后，他们就会干出些让别人觉得匪夷所思的事情来，或者闹分手，或者离婚，或者辞职，或者离家出走。

咋听这个怪异的理论，人是一下子不能接受的。

但套到身边许多男性朋友身上，倒好像比较有道理。有的人时间可能不在 33 岁，而前后有一年的误差。

虽然不是百分之百的崩溃，但百分之七八十的面积大约是有的。我认识的许多男人，大约在 33 岁上下，着急换工作，改行，开业，甚至重新选择一个城市，更有忠贞老公离婚，花花公子结婚，个个都像是在改弦更张，恨不得把从前的自己统统否定。

为什么是 33 岁？我和我的女友们讨论。

按我们的想法，30 岁更是个让人崩溃的年龄。

早在大学或者更早的时候，女孩最害怕的就是 30 岁。

那时，常有女孩声称，自己绝不活到 30 岁。在十多二十多岁女孩的眼里，30 岁实在是个太可怕的概念。30 岁是体型变坏，脸上长皱纹，没有人喜欢，变得婆婆妈妈，变成妇女的年龄。

那时，说自己一到 30 岁就自杀，算不得什么耸人听闻的言论。因为大多女孩都对青春消逝非常害怕，不得已要运用这样激烈的言辞。

30 岁，变成了一个里程碑，女人战战兢兢朝这一个关卡前进。

所以，在 30 岁的前一两年，就变成了女人的崩溃之年。

我看到女人在这崩溃之年最容易发生的就是在情感上忽然转性。

其实现在单身的女人已经很多了，社会也是前所未有的宽容，但 28 或者 29 岁的单身女人特别容易在这个问题上着急。单身的女人很容易就变得有亲就相，只要基本条件相宜，恨不得马上把自己嫁掉。

相反，对自己婚姻不满的女人，在这个年龄，也特别难以安分。她们希望有新的情感来改变自己的一切。我的一个 29 岁的女友说，现在是自己寻找一个真正适合的人的唯一机会了。

此时，外界的压力好像变大了。其实，那些压力是通过自身的恐惧来放大的。

真的到了 30 岁，女人就一下子恢复了常态，从容面对一切。我想，大约是因为真到了这一天，女人发现自己也并没有年老色衰，自己仍然有能力，有活力，信心也就回来了。

30 岁对男人没有青春消逝的压力，却有 30 而立的压力。30 而立是中国的古训，对男人有着非常深刻的影响。所以男人一到 30 往往喜欢写点总结自己 20 与 30 之异同的文章。但现在的男人往往心理上比我们的前辈年轻，所以要再过几年，他们才开始为自己的前程事业、情感家事担心。他们开始觉得一切都不尽如人意，他们觉得要最后一搏。

于是便进入了他们的崩溃之年。

同女人一样，如果能安全地度过他们崩溃之年，他们便又会重新做回以前的自己。

爱凡·高还是毕加索

编辑打算让我去爱凡·高，我却执意要爱毕加索。虽然他们有许多相似之处，但对于平凡女子来说，他们的差异是多么重要啊：一个默默无闻，卖不掉画，被兄弟养着，急了还要动刀子割自己；一个是现实的宠儿，被评论家捧着，被收藏家供着，被女人包围着。女人的选择都是一样的，所以，毕加索恋爱到80，而可怜的凡·高只能和几个丑妓女混混。

爱艺术家是女人最有益的一种活动。而这个艺术家必须是毕加索一类的艺术家。

他有激情，但不会烧坏你——去爬山吧，裸泳吧，在阳光下撒野，在阴郁的天气里打架，然后把你被他打出的眼泪画进画里，让眼泪们名垂青史，跟着他移情别恋，也让还正青春年少的你重获自由，最后是有你名字的他的传记被捧在子子孙孙的手里，让他们诚惶诚恐。你因为一段恋情就不朽了，这样的事情想想都过瘾。

你的影子留在了艺术史里，而你的青春却自由了，带着他价值连城的画和毕加索女人的名声。倾慕者自然源源不断。

我有个朋友，发胖前也是貌比潘安，画油画，颇有才华，但真正让他出名的是他的桃花运。有一天他吐露秘密：那些粉子最后离他而去，都会找到有钱人，成为贵妇款姐，无一例外。

据说以前巴黎贵妇都要和艺术家暧昧，看来这个道理反过来也成立——和艺术家暧昧了，就会成为贵妇。我那位朋友和众多的艺术家都在办贵妇速成班，女人如果有机会，上到毕加索那样的大艺术家办的大贵妇培训班，那真是前途不可限量呀！

当然女人一定要有慧眼，如果一不小心爱上了凡·高那种不被现实社会认同的艺术家，忍受了所有艺术家都有的种种怪癖后，还要贫贱一生。

青春、美貌、快乐和虚荣，女人哪样能输得起？

与陌生人相爱

这样的一个镜头是经典的：一对不相识的男女约在某处见面，（此前，他们必定通过某种方式非常向往对方了），当男的见到那个拿着玫瑰暗号的女士时，愣住了，女士已经很有一把年纪，他稍一犹豫，就勇敢地走上前去，那个老夫人告诉他，旁边那个美貌的妙龄女郎才是他要找的人。男子经住了考验，妙龄女郎芳心大悦。

这是一个极端俗套的故事，典型的读者文摘式的矫情。但它却流露出了这样的心态：人们对陌生人的向往。

还有一句被用得极滥的话：“我们因为误解而走到一起，因为了解而分开。”这话也可做这样的理解：我们因为陌生才相爱。

以上的都是概念，而我知道的更多的都是事情，身边的事情。

我知道一对结识多年的笔友，办公室的抽屉里都锁满了对方的信，但他们都没有勇气给对方打电话，说是每周等信已经够煎熬的了，不要再多一种电话铃的折磨。男子出差来到女子的城市，深夜情不自禁地走到了女子的楼下，看了她的灯光，第二天离开了，女子才知道。他们继续通信，故事好像延绵不绝。

他们应算是古典的，古典得不敢见面，把未来的相逢放到了一个无限远的地方，大家便蛮有兴致地走下去。

很难设想，他们如果见面，甚至结婚生活，又会怎样。我想，他们肯定也尝试作过这样的设想，只是结果也难以想象。

也有见了面的故事。我的一位朋友，声音沙哑而成熟，由于工作关系，他常和一位声音甜美的幼儿工作者通电话，两人从有好感逐渐到了有想法，便开始电话调情，终于他对她说，你过来吧，我请你吃饭。结果双方都很尴尬，因为声音的妹妹，原来是年龄的阿姨。

现在好像有越来越多的交到陌生朋友的方式，比如上网聊天，比如上好男好女版，但朋友的陌生还能维持多久？我们还有没有陌生的耐心？通讯这样发达，交通也不成问题，我们现在喜欢用的词是：快速、节奏、了解、沟通……好像都很容易：从陌生到熟悉，从一种状态到另一种状态，从神秘、暧昧、似有无限的可能到透明、唯一，从夜晚到了白昼。

陌生人的结局不外有两种，相识或者继续陌生，恋人的结局也不外两种，分手或者继续相恋，这样一想，陌生和相恋的确像一种很近似的状态。如果我们恋爱，就中了有开始就有结束的圈套，如果我们想逃脱命运的必然，唯一的办法好像是永远不完全进入状态——和陌生人恋爱，并且一直保持陌生。只要保持陌生，我们爱上的就是心目中的恋人，与现实无关，谁会厌烦自己心目中的恋人呢？

所以我们经常听到迷茫的恋人在问，我们怎样才好嘛？而另一个一定会说，像以前那样多好。其实以前的以前，就是陌生的状态。

花花女子

有个女朋友，一天讲起，她这辈子只收到过一束花。

我以为她马上要讲，这花让她感动不已，记忆深刻。接下来她讲的却是，这花是单位工会在她生日那天送的。

她讲起这些的时候，神情淡淡的，只是当个笑话在讲，我却恨不得马上冲下楼去，订一束花给她。

送女人鲜花是老旧的方子，可惜愿意照做的人仍然不多。我还听到一个女友的老公说，咳，那些为女人送花的男人都是些油嘴滑舌的人，是靠不住的人，踏实的男人是不送花给女人的。

也许花花公子是掌握了送花的这一绝招。我就听说过，有人异地追女孩就是每天一束玫瑰地硬攻下来。但这绝不能成为那些懒人不肯为女子送花的借口。

我知道，男人举了一束花在街上走，是很引人注目的，大家都会想，哦，这是个幸福的男人，这是个被幸福冲昏了头的男人，大家甚至还会从那花束上猜测一下女人的容貌。

在街上，我见到举着花在走的男人，也总是会多看他几眼，我觉得他们都有一种腼腆的神情，有一种压抑不住的喜悦，我从他们的脸上能看到另一个女人的幸福。

女人都是喜欢打开门，就接到一束鲜花的，鲜花是对女人最好的恭维和奉承。

我像每个女人一样记得我接到过的鲜花。那是小时候邻家男孩爬铁丝网为我摘来的花，暗恋的男同学情人节的时候夹在书中送来的玫瑰，刚认识的男子试探性送来的放在水果篮中的鲜花，爱人去郊外为我带回来的花，也有花花公子送来的玫瑰。

那花花公子，我原本十分讨厌，他来找我，我也不想见，隔着门对他恶声恶气，最后他只好把一大束玫瑰放在门卫那儿，希望门卫转交。最后这束玫瑰，让我对他的看法好了许多，我想，人家就算是花花公子，可也不欠我什么，我不理他就可以了，也用不着那么凶巴巴。

我知道女人都喜欢花，所以有时候也会想起给我的女友们送一束花。来自女友的花带来的喜悦当然及不上来自异性的花，但也好过那种通过鲜花公司送来的花。

鲜花公司都会细心体贴地帮客户送花，包扎得很精致，包装纸比花还多，比花还鲜艳。这也有点像送花的诚心远不如送花的意图声势浩大。

我一向觉得这样的送花很不像送花，像一种公关活动。我想，除了女白领要在办公室里和别的女白领斗法，比魅力，谁会需要这样的感觉呢？但当我听到我还有女友只收过一束工会的花，也有女友的老公宣称踏实的男人不送花，我觉得对那些怕羞的、懒惰的、对女人不上心的男人来说，鲜花公司也是很尽力了。这些懒男人，至少应该找鲜花公司送一些花给他们的女人吧。

这么方便就可以送花给女人，要是他们还不肯送的话，那希望花花公子们都把他们的女人统统勾引走。

女人收到鲜花，才是幸福的女人，也才觉得自己是美丽的女人。鲜花让女人柔软如花。

恋爱平台

这个平台不是天台，虽然有很多人到天台去恋爱。这个平台平时不出现在恋爱中，大家说起平台的时候，一般是说工作平台。

一份工作薪水低而强度大，领导会让你看看平台问题。领导会开导你，这个平台提供给你了，你的能力资历就上升了一个平台，知名度也上升了一个平台，你就有了一个高的起点啦。

我就知道好多例子。一个记者从小报拼搏到大报，以前的报社会说，还不是我们给了他一个报纸的平台，不然他还在当文学青年呢。当这个记者再奋斗成一杆全国名笔，现在的报社也会说，这完全是因为我们给了他一个全国大报的平台，还搞明星制，不然他还是个娱记呢，只能写写哪个街头打架，谁家的猫生了个八胞胎。

总之，这个记者再成名成家，都会有以前的单位领导觉得多亏自己栽培有方。

平台有平台的道理，只不过也不该抹杀人家自身的素质和努力，而且后者比前者更重要。如果人家不在你这儿高就，你怎么就知道别人在其他地方找不到发光发热，照亮自己照亮他人的前程呢？

好像这深受老板们喜欢的平台理论还是个什么叫曼昆的经济学家

爱讲的东西。

其实这平台理论应用得一样广的是恋爱领域。大家有点心照不宣罢了。

有好多知名的女人，能干美貌，不是女明星，就是企业女强人，就是美女作家。其实细究起来，都是通过一个个平台努力成功的。

我以前认识一个成功人士，连带着认识了他的女友。他另有家室，她年轻漂亮。她有一天得意地对大家说，她的每一任男友都比上一任男友更成功。她数了一下给我们听，听得我们目瞪口呆，因为好些我们都知道，商界政界的名人们，的确是每一任都胜过前一任。她穿裘皮开跑车，却最不喜欢别人把她当小蜜看，她搞了个公司，经营与男友产业相关的行业，以女金领自居。后来这成功人士忽然因拖欠贷款，搞得一下子名誉扫地，公司破产。这女友当然在第一时间内忘记了他。

其实还有很多成功名女人，对待恋爱没有这么直白，也许是因为错播情种，也许身不由己，也许造化弄人，但最终结果也是在一次次恋爱中吸取营养，开阔眼界，广结善缘，终于走到了很高的高处。这些就不用数啦，比如你我知道的谁啊，谁谁啊，还有我知道你也许不知道我又不好说出来的谁谁谁啊。

这恋爱的平台带来的机遇其实远比工作的平台更重要。工作也许会东方不亮西方亮，恋爱却可能离了这村就不是这店。也许那个曼昆应该来研究一下恋爱中的平台问题，研究一下恋爱经济学原理。

恐惧与诱惑

还没翻开，就觉得这本书是一本漂亮的书。有漂亮的书名，《独粒钻石》。有漂亮的封面，一幅有着金属色泽的艳丽的绘画，热带丛林，鲜红的果子，黄色的香蕉，中间有一只色彩漂亮的老虎，但仔细一看，就会看见老虎正狠狠地咬住了一头牛，牛已无法摆脱这个局面，眼里流露出平静的神色。

这的确是一本漂亮的书。小说的内容如同书名一样，描写着一个独特而梦幻的世界，南美的丛林生活，动物和人，也如同封面的色彩一样，斑斓而神秘。但细读后，就发现，那封面上老虎和牛的战斗就像小说中从始至终笼罩的那种情绪，老虎好比死亡与命运，是注定的胜者，而万事万物只能平静地接受。这种平静，是彻底的绝望。

这本书，从阅读开始，先是会被作家描绘的那个奇异世界吸引，惊叹作家的叙述能力，小小的故事，被作家用特殊的角度叙述，就具有无比的诱惑力。平淡地讲述，不分析，不多加描述，而魔力就在平淡中产生，短篇小说能达到这种程度，应该算是一个相当的高峰了。

我在越来越被书中的小说吸引的时候，也越来越感到了背脊的凉意。小说有一种相当深的绝望，对作家这是绝望，而作为读者，我感到的是恐惧。

这本书读到一小半的时候，我已经开始不大敢读下去，放在床头，每天早上又忍不住翻开，看上两个短篇，一边继续感受更深的惧意，一边为作家的精彩写作折服。不能看得更多，不然用一整天的时间也暖和不过来那种哀凉的心绪。

这本书读到一大半的时候，我终于觉得不能忍受它对我的吸引与折磨，把它借给了另外想看的朋友。朋友听说这本书让我恐惧，非常的好奇。我打电话问她，感觉怎样，她居然咯咯地笑着，一边赞叹，写得真好，真好看，并且说，她准备去买一本送给她几岁的侄儿当作童话书。我对这种反应很是惊讶，是不是由于我神经过于敏感，所以会得出跟他人完全不同的结论。

我在朋友中是以胆小闻名的，平时不听恐怖故事，尽量回避看恐怖电影。但我觉得这本书给我恐惧的感觉是心理上的绝望苍凉的感觉，而不同于平时那些恐怖电影之类的商业制造。

结果，不久，我那位胆大的朋友也把书退还给我，说，她看到后面，也感觉到了那种绝望。

这种从三十来篇短篇小说中渗透出来的绝望让我再一次仔细观察这位作家。

这位乌拉圭的作家奥拉西奥·基罗加（1878－1937）的一生也是充满了死亡绝望的气息。他出生不久，父亲因猎枪走火死亡，幼年时他反应迟钝，12 岁时继父因病自杀，基罗加 24 岁时玩手枪时，走火打死了旁边的好友，40 多岁时，第一位妻子自杀，后来和一位与前妻同名的女子恋爱，被对方家庭拆散，49 岁时，和女儿的朋友结婚，年龄相差 29 岁，59 岁时，基罗加因患绝症自杀。

了解了作家这样的一生，就能明白他的作品为什么充满了绝望与死亡气息。基罗加在我的想象中，他是这样的性格，因童年的迟钝与父亲死亡，父爱的缺席，等等，带来的是自卑与敏感，成年后的一切也都造成了他的自责与内省的习惯，但这些让他更加地难以与人相处，他的种种经历都导致了他对死亡的格外关注，而这种关注最终带给他的是绝望。

在这本集子大部分的小说里，最终的结果都是死亡。而且死亡来得非常不合读者的愿望，虽然它一步步地逼近，已经早已让读者有所预料，但最终冷酷地来到读者面前，仍然让人有一种窒息的感觉。

比如那篇《荒漠》，一个男子带着他的一对小儿女在荒漠上生活，男子面对艰难的生活有着非凡的勇气与能力，他披荆斩棘，同时还充满爱心地教导那对幼小的孩子。这样的一个形象，放在别的文学作品里就是海明威笔下硬汉，放在电影作品里，就是好莱坞大片里的美国父亲，总之，怎么都会有一个让读者充满希望的结局。但在基罗加的作品里不是这样，这样一个勇敢的男子，因为地方偏僻而无法找到愿意前来照顾孩子的保姆，正在发愁的时候却被一只小虫咬伤，导致感染，挣扎着最后照顾了一次小孩就死了，而孩子们最后还不知情，等着父亲起床给他们做饭。

如果不是作家心中就充满了这种彻底的绝望，绝望就不可能在作品中这么深地浸淫。你看完这篇小说，你根本不能放下，虽然只有几千字，虽然那些生活跟现实世界没有什么直接关联，但是那种困境，绝境，让读者和作家一样无法解脱。

如果基罗加的作品只有冷酷与绝境，也就不会让人读下去了，同时，他的作品又具有极引人的魔力，这除了他高超的写作能力外，就是拉美文学那种魔幻之美。

在许多方面，他的作品和马尔克斯有相似之处，甚至文字中的氛围都会相似。我最近又看了马尔克斯的中篇《爱情与其他魔鬼》，马尔克斯也不给人希望，让美好的一切最终毁灭，但他终究做不到基罗加的那种冷，马尔克斯对美好的事物一步步被毁灭充满了惋惜之情。

基罗加的笔下看不到这种激情，他像个更现代的艺术家，最终是靠了内心的悲凉来表达对人类命运的悲悯。

寂寞如斯

记不清上次是什么原因，这本《野草在歌唱》看了个开头就放下了。而且，算下来，已经是两年前。

似乎是因为当时，忽然买到了《金色笔记》，开始看《金色笔记》，就把《野草在歌唱》放下了。想着，从一个体裁更具实验性的读起吧。谁知《金色笔记》，也是拿起，读一阵，又放一阵，再读一阵。断断续续地，总被其他书引诱。

这次来深，在当当上买一些书，再随身带两三本书。一本是连岳的《我爱问连岳》，这本书早就读完了，但因为答应要给《南方都市报》写一篇3000字的关于这本书的年度盘点，所以，只能把这本书带上。想过带帕慕克的《雪》，但因为在当当订了他的另外两本，所以，准备回来以后再读这本。有的书太重，有的书质量不保险，这些都不适宜带着出门。忽然就想起了《野草在歌唱》，应该是一本宜静读的书。

另带了《有人喜欢冷冰冰》，准备在机场读。哪知，这本在机场无聊时，都仍旧不吸引人。看来看去，丧气得很。

这两天，开始读《野草在歌唱》，很吸引人，线索不复杂，不像《金色笔记》那样累。看进去以后，越来越惊讶。多丽丝·莱辛的心理把握能力太强了。

以前看她的其他小说，就知道她的心理掌控能力超强，但那些小说大都是她后来写的，没想到她早期的《野草在歌唱》，就已经这么强悍了。

那女主人公、男主人公，我简直就觉得是我的熟人一样。他们的人生故事，似乎就在我身边发生。我一边读，一边想，难道他们是莱辛生活中的人，是她的亲人，她这样透彻地了解？

那种阅读她作品的特有的绝望感就又浮了上来。

作品读完后，读了一些介绍，知道，她早年的生活有相似的背景，她的父亲也很不善地经营着一个农场。她也读过女子寄宿学校，当过打字员速记员。但那些说到底都只是生活的表面，那种人内心深处的复杂情绪，真是得靠着超强的感悟和想象才能得到。

特别是男女主人公相处的那些微妙处境，细致入微的变化，心理上一强一弱的随时转换，别的作家很难体察到那么深，就算能体察一些，也未必有耐性一点点挖出来，一点点展示出来。

而且这展现出来后，竟是这样的吸引人，这种悲伤困难的处境，一步步地陷入人生绝境，无法回头。最后无法避免地迎来末日。让人读后怅然不已。

今早，在我所在的这个小区，来了警察与法医。昨夜，有一个女人跳了楼。摔到那幢楼二楼的一个平台上，所以，夜里没有人发现。

有不同的说法，有人说，那女人和丈夫分居了。也有人说，那女人并不住在这里。

我不由得也想到了《野草在歌唱》里的玛丽。她迎向末日，无可挽回。她看见连树木草丛都向她杀过来。她看到她伤害的，唯一给她安慰的，她又无法面对的人，举着刀迎向她。

她其实早已知道，末日就要到来。

风凉八宝粥

老少恋从来都是老少咸宜的新闻。

这次某某之恋最得利的当然是媒体了，但大众也收获很大，多了茶余饭后，甚至工作开会中的嗑牙点心，网上也充满了对此事的讨论，甚至一向以严肃面目示人的《参考消息》这次都大篇幅报道，可见大家对老少恋的热情。

当然有关注的热情却未必是有参与的胆量。

首先是把私生活公开化的胆量。老少恋的主角是名人，所以传播面甚广，其实就算不是名人，只是街坊老王头娶了巷尾的张小妹，这个消息也肯定不会烂在小巷，一定也是半个城区都知道。老王头和张小妹从此生活在众目睽睽之下，表演天分一定会得到充分发挥。

当然老王头是不会娶张小妹的，因为我们看到的老少恋差不多都是名人。因为常人没这个胆量，而名人就不同了，反正私生活本来就是公开的，不如演戏演到底。

以上都是风凉话，因为看花边新闻最大的好处是可以乱讲别人风凉话。

老少恋一定是很让人眼红的，所以看老少恋的花边是可以最充分地讲风凉话的。

听到的关于老少恋的风凉话还有如下内容：

老的也太不负责了，过十几年二十年，他都全方位退休了，留人家少妇一个怎么办？

少的又看上了人家什么呢，人家是什么什么毕业，身家多少多少，她和人家有什么沟通啊？

前一种风凉是关心人家卧室生活的，大家都可以本着一副人道主义精神的样子，谈论一番，很是过瘾，好像已经知道别人一定会在一起过下去，搞不成白头偕老，也可以红颜偕老。自己都知道好就在一起，不好就分开，难道浪尖上的名人还想不通这个道理吗？

后一种风凉也好玩。本来所谓共同语言都是婚恋关系平时遭人议论的话柄了，女主角自己还要往上凑。比如她说，她和他最开始是在一起玩电脑游戏的时候好上的，拆地雷拆得好开心，现在不玩了，因为拆地雷死得太快了。但凡玩过电脑拆地雷的都知道那是个弱智游戏，要死得太快并不容易，更何况共同投入玩这种弱智游戏，只是因为人家存心泡你。

好在恋爱是没道理可讲的，一个人可以投入地爱小猫小狗，不求回报，当然更可以莫名其妙地爱一个人。想那老少恋中饱经风霜的那个，一定阅过无数春色，什么玲珑人物没见过，现在一足陷进爱河，多半爱的就是这种无知，反正越是无知就越显得青春，青春与无知相得益彰，老夫发回少年狂，多少金钱都买不来啊。

被少的爱上的老者，必定是功成名就，面对风吹浪打，让少的只看到闲庭信步，必然是显出成熟深沉的魅力，何况让一个小他二三十的女人爱上，内心一定也有非常的成就感呀。

有一种关于爱情的陈词滥调是说，你被什么样的异性喜爱，就是社会对你的评价。年老了被年轻的喜爱就说明社会认为你年富力强，无知的被一个有不错的社会认可的人喜爱也说明你也会有无穷的潜力。

以前通常会认为相差十多岁的恋爱是小的那个有学习欲望，从大的那儿能学到丰富的社会经验。但相差更大的可能不好套用这个道理了，但有一点是明显的，小的那个从利益角度看也是大有斩获的。

倒未必是金钱，更主要的是些看不见的东西，但那对于人生可是比金钱更重要的无形资产啊。一个人一步步正常前进，可能要三四十岁，甚至更以后才能接触到的东西，比如交际面、阅历、机遇，如果通过老少恋改变这个进程，在二十岁就接触到这些，必然会触发更多的事情，一个人的人生前景便不可限量了。生活不一定会富足安定，但一定会比别的人丰富许多。

不知是不是老少恋的主人公都有这样的高瞻远瞩。一种人生格言是说，爱情是盲目的。还有另一种人生格言是：如果爱情是盲目的，那旁人更盲目。

反正都是盲目的，结果是皆大欢喜。当事者和旁观者。

这段时间还看到另一个关于老少恋的新闻。一个《花花公子》的封面女郎在前几年嫁了一个年逾九十的亿万富翁，当年老人家就过世了，没有一分遗产给她，她不屈不挠，打了五六年官司，终于到手一大笔，现在刚刚过三十。

太像一个俗套故事了，可这次是真事。老的有风光残年，少的有美好未来。剩下我们正好来熬一锅风凉八宝粥。

风凉八宝粥主要用料如下：老少名人各一，恋爱事件一起，市场化报纸杂志若干，外加口水无数。慢熬几年，直至事件了断。

可疑的富婆

富婆，一直是个可疑的词。

如果在报纸上用到这个词，肯定跟着是一连串的搞笑新闻。搞笑新闻不是绯闻，绯闻是让人艳羡的，引人遐想的，网上电视上报纸上被人越传越大的，而搞笑新闻则不是。诸如国际富婆收编三流帅哥影星，国产富婆自曝风流艳史之类。这种新闻只博得大家轰地一笑，然后就烟消云散了。

如果是在口头上提起富婆，语气必然有些狎昵。比如在饭桌上，某讲某某被一富婆猛追，车子，美酒，某某不肯就范。而某某某就说，要不我也找个富婆来包我一下。

如果富婆前面加个“小”字，小富婆，似乎就要可爱些了，但也是傻乖傻乖的。在酒吧里谈起小富婆的时候，多半会有人讲，一位小富婆如何追求他，对他百依百顺，他可以招之即来，挥之即去。

我在网上搜索了一下富婆这个词，发现除了一些女明星被称为富婆，其他还有这样一些“富婆”：《靓仔当堂坐，富婆逐个挑》《与富婆争男友女明星陷入三角恋?》《某财团女继承人：大富婆变成媒体金矿》《与富婆周旋的日子里》《富婆痴情少年郎 离夫抛子反被害》

《上海滩亿万富婆跳楼之谜》《一个百万富婆的悲剧》……

好像有个不成文的定理，凡是富婆，不管大小，均是情感生活、性生活有问题。男人在金钱世界里输掉的面子，在这儿就理直气壮地找了回来。

这真是个奇怪的逻辑。

为什么没有人如此轻慢地讲起富翁呢。

富翁这个词从诞生起就是一个比较好的词，明确，明白，大家讲起的口吻是羡慕佩服的。最有钱的富翁是亿万富翁，没老婆的富翁叫作钻石王老五，年轻的富翁也没有人会称之为“小富翁”。

说到富翁，大家联想到的是艰苦创业，好运当头，宏图大展，日进斗金，当然还有身边的美女如云。

至于富婆怎么成为富婆的，大家联想不出这些，在这个话题前一般都笑一笑略过，这个笑，是十足暧昧的笑。背后的台词是：离婚致富嘛，爹妈那继承来的嘛，等等。

如果还有人非要探讨后面这个“等等”，就有民谚说了：“男人有钱就变坏，女人变坏就有钱。”

再仔细想一下生活中使用“富婆”这个词的人，全是男人。男人们在理性上只能接受男人是这个金钱社会的主宰，女人的钱基本都属于不义之财。他们在潜意识里都认定：如果女人真的有了太多的钱，那她们一定会用许多的金钱来求我们男人。这样，世界就在男人的想象中重新取得了平衡。

以宠爱的名义

昨天下午，我和笨笨在街上走着，走到一个药店的门口，忽然看见一只半大的黄狗，在我们身边转悠。

我一眼就看见，它背上有一个很大的新鲜伤口，像张开的嘴，红色的，很吓人。

那伤口有一只饭碗那么大，黄狗瘦瘦的，伤口占了黄狗后背的小半个身躯。我一下被吓着了，转过头，不敢看。

笨笨看到后，很吃惊地说：这是谁干的？

我们想，那黄狗就在药店门口转悠，也许是想找药医治吧。

笨笨想招呼着黄狗，想领它进药店，想个什么方法，替它包扎伤口。他弯下腰来，对黄狗拍拍手，想让黄狗过来。黄狗很迟疑，看着笨笨，犹豫不前。

旁边守车的老头说：你要给它东西吃，它才会听话。老头还说：这伤肯定是被人砍出来的。

于是笨笨在旁边小店买来一个蛋糕，分成小块，扔给黄狗，黄狗试探地吃了一块，又一块。周围行人一下子就围拢来看热闹，黄狗见人多了，再也不肯停留，头也不回地就跑掉了。

我跟笨笨说：这狗这么警惕，会是谁伤它的呢？它不知心里受了什么创伤呢？

笨笨说：有可能就是主人干的呢。守车的老头也是这么说。似乎他还知道谁是那黄狗的主人。

我们常在电视新闻里看到主人虐狗的消息，也常在街头看到类似的事情。

就在刚才，我们还看见有一女学生，用绳子拖着一个小奶狗在街上走。小狗太小了，根本跑不了那么快，于是就被一路勒着脖子，像一块东西一样被拖着走。

但这女学生也不是不喜欢这小狗，拖一段路，她又把它抱起来，摸一摸，玩一玩，然后又拖着往前走。

关于动物被虐的新闻，经常发生在被人养来谋利的动物身上，比如被抽胆汁的黑熊。平时大家都忽略了，被人当成宠物来养的动物，又有多少生命应享的权利。

有的大型狗是很活泼好动的，但许多人没有条件给它提供活动空间也要圈养。有的人喜欢小狗小猫，于是猫狗长大了就会被遗弃。更不要说在细节上，给予它照顾，不离不弃，把它作为家庭的一员，不要把它作为自己心情的发泄对象。

这养宠物的人，有多少意识到动物也是有生命的呢。想到这些，我连宠物这提法都反感，宠物嘛，一听就像在说一件没有生命的玩具。你喜欢它，它就有价值，一旦不宠了，那就弃如破履。似乎跟道德问题太挂不上钩了。

我想起了以前在课堂受到过许多教育，比如说，人是唯一有感情的动物，人是唯一有智力的动物，人是唯一有意识的动物。这就能推导出人是这个世界的主宰。

连岳甚至在文章里教育有的想要小孩子的人，不要像奴隶主有了廉价奴隶一样高兴，要尊重那是一个自由的生命。

其实不能善待自己所养的动物的人，你也难以想象，他会把自己的小孩当成个平等的生命。

第八章

激情与妥协

激情与妥协

在青春年少的时候，人总容易以为激情是情感世界的唯一标准，而妥协——天哪，这妥协的世界是多么可悲！

直到年岁渐长，阅历更多，终于，开始从各方面有点理解这妥协的含义了。

《一个男人和两个女人的故事》是多丽丝·莱辛的一个短篇。她的短篇一向有个特点，就是篇幅虽小，容量却可能非常大。在这个短篇里，她关注的是什么是长久的情感。

小说里有两对男女，两对都是艺术家，在外人看来，都是长久相爱的典范。

一对是小有名气的女设计师和优秀的电视记者，一对是新近成名的画家和同样画画但尚未成名的妻子。

前一对因为工作每年都要分开两三个月，后者已经十余年如胶似漆，不曾分离。

这一次，女设计师，因丈夫出差在外，只好一个人前往看望画家夫妇。画家夫妇新近得子，特意住在安静偏僻的郊区。

女设计师发现女画家转了性情，变得时而冷漠，时而暴躁，对丈夫非常挑剔，对女友也很刻薄。同样为人之母的女设计师明白，那是由于女画家跟婴儿建立了一种非常深沉的情感关系，这种情感甚至会远远超过男女之情，它意味着最深的依恋和独占。处于这种母婴情感之中的女画家，由于内心有对丈夫的愧疚，显示出的是一些变形的态度，她甚至半认真地提出，他们可以组成三人家庭，她只负责养育孩子。

女设计师和男画家被女画家激怒刺伤后，两人忽然就处于了一种暧昧之中，这是激情的前奏，两人马上就要被点燃了，这两个家庭马上就会被撕得粉碎，这破坏也带来强烈的激情。

但两人刹了车，回到了现实之中。

多丽丝·莱辛在小说中提出的是妥协。感情恒定持久必须有一些妥协。比如女设计师和丈夫相离的日子，相互都可能有其他的遭遇，但两人相聚的时候，总是因为彼此深爱，学会宽容相处。

女设计师和男画家最终止步，也是出于妥协。

激情不是爱情，妥协当然也不是。但能持久的爱情，必然宽容，必然包含一定的妥协。

青年时看到的爱情，看到的只有激情。中年后，就看见了妥协。毕竟要承认，人性是复杂的，人对激情是有渴望的，人生不可能像少年时的憧憬一样完美。复杂的人性需要妥协，需要彼此的包容和承担。

中年的爱情就有了能承担的力量，就更能长久地生长。

比女权更深情

朋友来电话祝贺，他们说：如果你下了注，那一定大发了！他们都还记得，我好些年来一直推崇多丽丝·莱辛，一直念叨着她该得奖。甚至他们还记得，在库切得奖的那一年，我就赌的是多丽丝·莱辛。朋友在博客上说："现在，89岁的莱辛赢了，盼了多年的西门媚也赢了。"是啊，我现在就是赢的心情。激动之中，一向不沾酒的我，忍不住和西闪举杯庆祝。

多丽丝·莱辛，对我意味着什么？我以为最好的男作家是马尔克斯，最好的女作家就是多丽丝·莱辛。

她的短篇我最为喜欢，看着看着就觉得绝望，最好的作品是这样的，那后面的写作者怎么办啊？有时，心情低落，觉得女人写作的问题太大，西闪也会搬出她来鼓励我，说：女作家也可以这样呢。她带给一个写作者的可能是绝望，但也可能是希望。

多丽丝·莱辛是一位对社会的各个层面都有兴趣的小说家，她在作品中讨论战争，讨论政治，讨论殖民主义，甚至她讨论世界的未来——她也有不少科幻作品，但如同多数女性作家一样，爱情与婚姻也是她作品的重要主题。这么说，似乎还太抽象。她的作品，风格变化非常大，可以很思辨，也可以很易读。

她的长篇恢宏庞杂，跟别的女作家非常不同，但又细节缜密，的确区别于男作家，代表作如《金色笔记》《又来了，爱情》等等。她的短篇绝不亚于长篇，且一向有个特点，就是篇幅虽小，容量却可能非常大，干净浓缩。比如她的短篇小说《另外那个女人》。

先是絮絮地讲一个女人如何就蹉跎了岁月，很久都没嫁出去，后来战争又让她变得无依无靠。这时出现了一个男人，男人怜惜她，她也爱上了男人。女人想结婚，可男人告诉她已有妻子，妻子不肯离婚。女人对男人的情感慢慢有了些变化。

故事讲到这儿，都还完全是个婚外情故事。是我们平时熟悉的情感戏，只是放在了一个动荡的背景下。如果故事就到此为止，也算得上一个不差的情感故事。

可忽然转机出现。

女人忍不住约男人的妻子来谈判，两个女人见面才搞清一个真相，原来，这男人跟她早已离婚，只是为了逃避新的婚姻而不肯告诉这个女人事实。

前妻是个坚强独立的女人，邀请女主人公和她同住，共同工作生活。女人见男人没有真正挽留，就和前妻一同离开，扔下了男人。故事到此结束。

她的女权主义的观点很有意思，可以让一个普通的故事，讲起来很不寻常。如果不是一个特别女权的女作家，恐怕怎么都写不出这样一个故事的。不动声色地控诉男人如何害怕婚姻，因此要撒谎，耍赖，然后又把女人表现得无比强大，差不多可以说是顶天立地，计划生活，安排日子，没有男人也能沉着向前。

想来，作家在写这篇小说的时候，对男人是有怨言的，但怨气又不是很大，像一个长者看着顽童，宽容他，可又不大想搭理他，觉得可气，又觉得好笑。

她的短篇不仅仅是看着过瘾，同时能触动人心。比如《喷泉里的宝物》，再比如《爱的习惯》，我想这是一种更深切地对人性的理解，是成熟后的练达，洞悉世事后的悲悯，知天命后的乐观。

《爱的习惯》写一个经历丰富，有过很充实的情感生活的老艺术家，突然喜欢上了一个年轻女孩。他看她是年轻女孩，其实她也近四十，只是和他的年龄心境的差距，让他看她永远如一个未成年少女。他们结婚了。老艺术家早已功成名就，女人一切才开始，她是那种在艺术上有所追求的人，就是我们习惯上称之为艺青的那种人，虽然她并不年轻了。

因为各种差距，老艺术家忽发了少年狂，对她无比爱恋，却总是得不到温暖的回报。她尊敬老艺术家，喜欢的却是一个刚刚二十出头的舞台搭档。也是年龄经历等等的距离隔开了她和比她年轻二十岁的人。

她在得不到所爱的痛苦中忽然和老艺术家的痛苦相契，在这一刻这一点上他们相通了。

这篇小说写得非常好，动情，有一种深情在里面，深的理解，深的同情。

作家洞察人性，把心理描摹得极感真实，让人不由得随着人物悲喜。

读到这篇小说，就发现作家再不拘于女权之类的问题，而是超越了那些性别的立场，看到的是人性。

多丽丝·莱辛后来批判过女权主义，我想，她是一步步超越了这些，超越了她青年时代的很多观点。从艺术角度，她的小说又完全不能以类划分。她的风格太多变了。你不知道下一本会是什么样的。在这点上，她的确也能和马尔克斯相比。

她是个十分高产的作家，在国外颇有影响，但在国内，译本不多，更鲜有人对她评论，我倒是看见过一位其实很受她影响的国内女作家对她的抨击。

对此我十分不快。而且看着多丽丝·莱辛多年都获诺奖提名，却未夺奖，连带着对诺奖也十分不满。只好默默收集能找到的书，做她的忠诚粉丝。在豆瓣上做一个关于她的小组，期望找到同好。可唯一一篇帖子，孤零零地挂了近一年，直到今天晚上，她获奖的消息传来，帖子一下多了起来，估计这个小组很快会气氛热烈。

今年的诺奖必然也如往年一样，给中国带来很多额外的热闹，就如西闪所说："从此，莱辛不再仅属于真正喜欢她的人。"但诺奖会带来大量的出版，对热爱她作品的读者，是件大幸事。乘着这新的风潮，我在此许下愿望，希望出版界的人士可以看到：再买一些她作品的版权吧，短篇集子更要多出一些，至少，花城出版社应该把那本糟糕译本《一个男人和两个女人的故事》重新译一遍，外语教学与研究出版社出过的那本英文本《简·萨默斯日记》，再出一个中文本吧。

爱与独立才是现代精神

黄真真不承认自己在影片里渲染大女子主义，我也认为那些不是。如果说女性的独立意识就是大女子主义，那是太简单了。什么是大女子主义，我也不知道，从字面上看来大约是和大男子主义对立吧，那真有点可笑了。

黄真真在她执导的纪录片《女人那话儿》中，大胆而深刻地从中国女性的角度探讨性观念。在影片的开头，黄真真说：“如果男人更多地了解女人，世界会变得更加美好；否则，他们会被吓坏。”

也许看了影片还是有人会被吓坏，但更多的人是接受了黄真真。影片在去年的纽约独立电影节获奖，她本人今年还被评为了“香港十大杰出青年”。

我知道更喜欢黄真真的还是女性，比如我和我的女友们。我看黄真真的影片的时候，除了不停吃吃地笑，还有不停地赞叹。黄真真像一个闺中密友一样，跟我们细细讨论那些私房话，除了直率与幽默，更多的是对女性的关怀。这种关怀是女人对女人的体贴，包含了一种伟大的同情，是一种女性的对人类的温柔之爱。比如黄真真记录下一个嫖客与妓女的无趣的交易，完全是忍不住的对女人的安慰。她采访过气艳星时满怀关爱怜惜，而采访那个破性纪录的钟爱宝时，黄真真又把她的幽默与智慧隐藏其中，让我看到那里时不禁哈哈大笑。

男人私下里怎么看黄真真我不得而知，可能聪明男人和愚笨男人是有差异的。有男人写影评时说，当看见影片里有女人说喜欢男人胖胖的样子时，心里一下子就释然了，不再对自己小腹上的赘肉耿耿于怀。看来黄真真的目的还是达到了，男人们确实通过影片从女人的角度理解了男女关系。

黄真真现在成了媒体热炒的名人，我看见有男专栏作家对她一边采访一边作暧昧状，可黄真真聪明机智，锋芒藏于嬉笑中，一点不对那男专栏作家口软。

有时我还会想，怎么黄真真就出在香港，而其他地方的年轻女性，一涉及性的创作，往往搞得无比下作，而黄真真却能怀有诚挚之情，博大之爱，同时还平易近人，一点不玩深沉。

黄真真现在却没有管周围的声音，已经在筹拍下一部探讨男性之性的《男人那东西》，就像她以前一样独立往前了。

这种爱与独立，才真正是现代精神，让她赢得如此漂亮。

以十三岁的眼光

以前有一首歌很流行，叫《三十以后才明白》。那时，我们才十多岁，遥望三十，一片茫茫一片混沌，什么都看不到。很喜欢这首歌，以为它包含了人生的重大真谛，三十以后就明白了。可终于三十岁了，明白了吗？

昨天看了美国片《十三到三十》。这部片子其实是部轻喜剧。一个处于青春前期的忧郁中的小女孩，盼望自己是三十岁的女人，成功，美丽，能干。结果愿望实现，她以她十三岁的心灵看到，那个三十岁的女人，虽然成功，但却不择手段，生活混乱，交友不慎，分不清好男人和坏男人。

最后她看到了自己走错的每一步，回到十三岁重新来过。

美国这种成人童话很多，但厉害的是，他们在这些轻松的故事背后会装载一些让你心动的东西。

当小女孩突然醒来，变成三十岁女人的时候，发现一个男人赤身裸体地在家里洗澡，这实足惊吓了她，但同时，她是一个时尚杂志的女编辑，漂亮时髦得引导潮流，精明能干被委以重任。她惊叫起来，她的愿望都实现了。

看到这里，我马上想到，如果我在十三岁的时候，知道今天自己是这样的，会不会也叫起来，天哪，我的所有的愿望都加倍实现了。我开始回想我十多岁时的愿望。我几乎想不起来我当时除了对工作的理想以外，还有什么具体的生活愿望。我希望将来自己漂亮、性感、能干吗？我想过将来要爱情幸福美满吗？

我一点都回想不起来。我只记得当时对未来是带着恐惧的。我十岁的时候，想过将来要当记者，当作家。可那会实现吗，那时的生活是怎样的，我毫无把握，甚至毫无想象。未来太强大，而我太弱小。我想，这跟当时社会几乎不给人以机会和希望有关，也和孩子的无力有关，和世界不展示它的多样性有关。电影里的那个小女孩，从时尚杂志里看到介绍三十岁是女人最好的时刻，会拥有如此这般的生活，于是她便开始向往三十岁。而我们小时候，只能看到父母和邻居的生活，哪里能设想出未来的生活是什么样的。我不知道生活有其他的可能性，不懂得男女，不懂得情感，不知道可能有一个无比丰富的未来在等你。

当时，忧虑的是学习成绩，和同学的关系以及升不升得到好的学校。以为好的未来就是一所好的学校，坏的未来就是一所差的学校。不懂得变数，不懂得内心的力量，这些才会给你一个精彩的生活。

所以如果能以十三岁时战战兢兢的眼光来看我今天的生活，真不知该怎么感谢命运。

但成年后被世事蒙住的那些东西，也需要十三岁的眼光来重新认识。这又不仅仅是对命运的谢恩了。电影中的女主人公，以她十三岁的心灵，问成年后的老友，你和未婚妻，是精神恋爱吗？这问的就不仅是对方，更是对她自己三十岁生活的质问。三十岁的她，被欲望左右，和一个打冰球的肌肉男同居，和同事的老公勾三搭四。她最终以十三岁的心灵发现，早年被她轻慢的老友才是能跟她交流，息息相通，值得倾心的男人。

我觉得这个追问，也是给所有成年人的，你的爱，是如当年希望的吗，有精神交流，心心相印？我想我们十多岁的时候，也许还没有思考过未来生活是怎么样的，但一定想过，自己要找一个与自己互相理解、心灵相通的爱人。

有几个人记得呢，又有几个人做到了呢。

只有十三岁的心灵，才会在三十岁的时候有些明白。现在再听那首老歌，才知道，前瞻的时候不明白的，在回望的时候可能会有些明白。

一个故事的两个角度

这两本书看似是一个故事的上下两部分，但给人的心理感受却完全不同。

读《第五个孩子》的时候，完全想不到后面还有那样一个视角和结局。

《第五个孩子》讲述一对平凡的夫妇，有着普通人都渴望的幸福，大家庭的温暖，一年年增多的孩子，以及大家庭和孩子带来的苦恼，这织成一幅世俗画，散发着夏天果实烂熟的甜味和微微发酵的酸味。

然而这快乐庸常的一切，被第五个孩子打破了。

第五个孩子还没出世就是个小怪物。小怪物在母体中就拳打脚踢，出世后更是充满了破坏力。他的到来不仅破坏了大家庭的和谐气氛，对另外四个孩子也有直接的威胁。他长得谁都不像，体健有力，野蛮丑陋，甚至嗜血。

而且他正一天天地长大……

面对这样一个怪物，孩子们是惧怕，成人们各有应对主张。在父亲和亲属的主张下，这个叫班的孩子被送去一个机构。

母亲知道这是一种抛弃，但送走班之后，因为母亲的本能，她在众人的反对之下，仍执意去了那个机构，接回了已被注射了大剂量镇定剂的，濒于死亡的班。但这样，就意味着对其他家人的背叛和放弃。至此，其他孩子陆续离家，投奔亲戚或寄宿学校。父亲也沉溺于工作，很少面对家人。

上学后，班和一大群被学校放弃的差生啸聚为恶，母亲就在等待他终有一天，和那些孩子一起离开，再不回来……

多丽丝·莱辛擅长心理描写，这本小说里，把母亲的心态描写得非常深刻。一方面，她甚至希望这孩子自己死掉，另一方面又对自己有这种想法自责，她被班折磨得委顿不堪，为一点小的安宁自由松一口气，同时，又为没人监控的班会做出什么感到恐惧。她为其他孩子感到抱歉，她喜欢其他的孩子，但所有的精力都只能用来应付班。

一个古怪的孩子，就打破了所有人的人生。命运的偶然，破坏一切。

有人称这部小说是恐怖小说。这种称法不无道理。读这部小说的时候，一面为班会发生什么带来什么，感到心惊，另一面，更为每个人面对他的那种反应和心理，心生恐惧。当一群人或一个人面临危险的时候，如何选择。从其他人身上，特别是母亲和父亲的身上，看到的那种人性，既让人理解，同时，也让人害怕。如果，这是发生在自己身上呢？其实也不外是这样的一些反应，但正因如此，人性的局限更让人害怕。

小说《浮世畸零人》讲的是班长大后的故事。前一本小说主要是从母亲的角度来看世界，后一本小说的视角就转为班了。

班成年后，孔武有力，心性简单，但智力却不能应付这个复杂的社会。他对人赤诚，也有人喜欢他，对他好，但更多的是利用他，欺诈他，因此，他有了一个传奇的人生。他被骗去走私毒品，因此流落异国，又被一个导演看上，带去更远的国度，在那里，被一个科研机构发现，他的这种长相和心性，原来是因为返祖表现，研究他，就相当于直接研究原始人，所以，他被疯狂而野蛮地围捕……

这后一本小说的故事过于传奇通俗，外在的传奇过多，心理上就无法深入挖掘，表现力和感染力就远逊于前一本。但正因为这视角的转换，就带来了另一种体验。是对前一本小说体验的一种补充和加强。

从母亲的角度看世界，母亲和其他孩子是最大的受害者，班带来恐怖和黑暗。从班的角度来看世界，他就是单纯无辜的，是他，被一切亲人抛弃了，最后他走上了寻找相似的族人的道路，当然，那些族人在远古就已经消失。

读到《浮世畸零人》的时候，正好身边有朋友遇见了一个来自底层的男人，他肯为他人的危难全力付出，冒险救了不少人的性命，但同时，他说谎，使诈，身后有斑斑劣迹。这个朋友困惑不已，在她的经验里，要么是完美英雄，要么是欺世大盗。

我就想到了班。班是另一个种类。只有从另外的角度来看，超越关联，才能理解和包容。我想，多丽丝·莱辛续写《第五个孩子》的意图应该就是在这儿。

雪中，　世界合为一体

前两天欧洲杯小组赛，正碰上捷克对阵土耳其。

西闪就问我，你支持哪个队啊？这两个国家都有你喜欢的作家。

我支持球队不大讲道理。要么是因为技术上打得流畅好看，要么是喜欢他们的气质性格。再不然，是对他们的国家有好感。

所以，我回答，当然支持捷克。

西闪觉得奇怪："帕慕克的土耳其呢？"

是呀。

我后来仔细想，一个是昆德拉，一个是帕慕克，我为什么选捷克？

选捷克当然理由很多，除了昆德拉，捷克其他的作家都很好，捷克的动画片也好。但这些，现在其实抵不上帕慕克在我心中的好了。

这小半个月，我一直在读帕慕克的长篇小说《雪》。

开始读的时候，是 5 月下旬余震频密的那段时间。我在一个小城，终于安静下来。手头没有更合适的书，就选择了这一本。其实，这本《雪》是我手头他最后一本小说，一直舍不得读，留了小半年。

开始读的时候，觉得这本书的内容并不合适眼下的心情。眼下正是地震之后，到处都是眼泪哭喊和激动。这本书则是一个世俗与宗教纷争的世界，是动荡和变化，是一个孤岛的政变，是阴谋和诗意，是失落的爱情。

但这样也好，让我忘记身外的世界。

这本书看到后来，就不忍看了。

眼见到了高潮，真相就要大白，眼见主人公就要落荒而逃，注定孤独至死。我就不忍看了。

我中了邪。我已经沉在书里的世界。我觉得那个世界真的存在于某个维度。阅读的人就打开门，进入了。而停下阅读，主人公就还没有最后落败，就还在苦苦挣扎。

今天鼓起勇气，最后读完了它。

读得伤心。

渐渐地觉得书中的世界已经和身边的世界合为一体。这六月，身边已经露出了小说中世界的迹象。

想起去年此时，一个老友途经此城，我们一起喝茶，他正在读《雪》。我问他，好看否？他神秘地笑了笑。今年此时，他已经陷在一堆麻烦中。从我的角度看过去，他正好像进入了那个《雪》中的世界。希望他能平安度过。

今天又在想，为什么我喜欢帕慕克却不喜欢孕育了他的土耳其世界。

喜欢昆德拉是二十几岁的事情了。那时，从昆德拉的作品中读出的捷克，也如我当时认为的身边世界，虽然问题很多，但整体洋溢着一种知识分子的思考追问下的乐观，其实是个单纯的世界。现在读帕慕克，读出的世界，跟我现在眼见的相似，相合。

怎么会喜欢？这两个合为一体的世界。

拿什么做最后抵抗

刚刚看了加拿大的影片 *Away from her*，中文名译作《柳暗花明》。

非常好。

一对老人，妻子因老年失忆进入养老院。丈夫一个月后，发现妻子已经遗忘了自己，爱上了另一位病友。

丈夫在整个过程中，经历生离，经历背叛，眼见着爱人去爱别人，爱人失恋，丧失生机，一点点萎靡下去。丈夫简直是完整地经历整个炼狱，但还要一点点地，为妻子寻找活下去的勇气，甚至要为妻子寻找爱情，甚至要牺牲色相去换取。

故事讲得舒缓深沉，细致而又节制，所以看起来不算煽情，也并不沉闷，而且连时间都忘记了，看到最后，忽然觉得，呀，电影结束了。

这是一部真正的爱情片，动人深情的爱情，天荒地老的爱情。而且背后，有一个博大的关怀在里面。

这电影能让人想得很多，想得很远。

想到生命的意义以及其他。

也想到赖声川的那部《红色的天空》。那部话剧也是以老人院为背景，也让人有相似的思考。但话剧抽象，像诗一些。这部电影细节丰富，像小说。

生命的意义是什么，或者说，用什么抵抗人生之短促，爱之易逝，如在影片里，转瞬而逝的记忆。如果记忆不存在了，那生命的意义存在于哪里。

前天看了另一部片子，《弗里达》。弗里达是墨西哥一位传奇女画家，一生伴随她的是伤痛与激情。

那部片子拖了很久才看，因为有种抗拒。看了以后，就在想，艺术家的生涯，是多么不安。动荡即艺术生命本身。如果走上了艺术家的道路有多可怕。永远失去安宁。永远没有常人的幸福。激情要伴随终身，就要付出内心宁静的代价。

如果当年，不留意，走上的是绘画的道路，现在的我，会过着怎样的生活呢。艺术家的作品即生活。当年，的确我有两次人生选择可能走上绘画之路的，一次在十几岁，一次在二十几岁，甚至走了几步了，又最终退了回来。如果阴差阳错，不是走写作的道路，而是走绘画之路呢？那一定再不能停歇，人生也像戏剧一样，一幕接着一幕，需要不停地有高潮，需要一再的大开大阖。灵魂终究是脆弱的，这种折腾，人能经受起多少次？

好在写作与绘画不同，作家恰恰需要沉下来，做一个旁观者。作家有安宁生活的可能，而且也需要安宁的生活。作家是一个岸上的人。

但今天看《柳暗花明》，又让我想到，《弗里达》恰恰能解决《柳暗花明》提出的问题。生命的价值在于创造。

这看起来，是一句老套的话。但面临永恒的问题时，这是我需要的解释。

《柳暗花明》于细微中表达世界，的确很像小说。我说，如果是小说一定是部好小说。我看了介绍，果然是加拿大一位著名女作家，艾丽丝·门罗的小说改编的。

这种关注角度的小说，也像多丽丝·莱辛的感觉。可能，我的趣味，越来越倾向于此。

我的世界杯文学地图

相比欧洲杯，我更喜欢看世界杯。

世界杯看起来才像真正的万国博览会，博览文化和人性。

我喜欢某个球队，会是因为我喜欢他国的性格和文化。我也会因为球队整体的性格，来反推他们的国民性格。

我对许多国家的理解和喜欢，其实是来源于对他们文学和电影的喜欢。当然，文学所占的份额要重好些。我从中也是看到他们族群的性格。

所以，也可以说，我对他们球队的喜欢，可能更多的是来源于对他们的文学的理解和喜爱。

我一直喜欢西班牙和葡萄牙。文学上、电影上，都喜欢。后来，看他们的球队风格，也喜欢得不得了。喜欢那种意气风发，狂欢激烈，骄傲和易折。一边喜爱，一边为他们感叹。胜必骄，败必馁。他们总是经不起失败。一败就败如山倒。让人心疼。

喜欢捷克队，主要来自于对昆德拉一干捷克作家的喜欢，喜欢捷克作家的深思和坚持。佩服得不行。所以就喜欢捷克队，觉得他们的确很像他们的作家气质。

后来因为帕慕克，开始关注土耳其。看土耳其队的比赛的时候，也自觉地站在他们一边。同时还在想，帕慕克也在同时看这比赛哪。我知道他是铁杆球迷。

英国是个例外。英国的文学和电影我都喜欢。对他们的喜欢不说也罢，因为他们永是那么冷冷的，不外露情感。也许是这个原因，我一直不喜欢英国队？

我不喜欢打得冷静的球队，更不喜欢最后外科手术似的靠点球取胜。

今年贝克汉姆不参加世界杯，不知他们会不会打得好看些，好让我对英格兰队有重新的认识。

最后说到南非。我以前哪里知道南非是什么样的。

但这两年在读莱辛的早期作品。从《野草在歌唱》，到她的两本短篇集。

我对南非有了多一点的理解和同情。当然，莱辛的作品是描述的好几十年前的南非。

但我还是希望，南非队，能够走远一点，开心一点。

第九章

移动的城市

移动的城市

侯瀚如的号召力不同于其他回国的艺术家的号召力。

今晚来的许多是艺术圈里年轻的优秀的人物。他们平时常表现出对很多东西不屑的样子，但今天他们不。

侯瀚如从法国来。

他在国外待了许多年，一直做着艺术策展。华人在艺术世界里其实一直被白人排斥，侯瀚如做了许多年，终于一点点获得了西方的认可。

据说在去年上海的艺术双年展上，侯瀚如作为海外部分的主持，在发言时，竟流下了眼泪。国内一位年轻的独立策展人在讲起此事时感慨万千，他明白这情绪的分量。

今晚侯瀚如不是来布道的，虽然说的是演讲，但他只是放一些幻灯给大家看。

这两三年他在七个国家的七个城市里做了一系列的展览，展览的名字叫作“移动的城市”。他想通过这个展览向西方展示亚洲城市的各种文化现象，传达亚洲的变化。虽然是同一个名字，但是每个展览都各不相同，他根据每个城市的特点，每个的美术馆的特点，请艺术家有针对性地创作。

在其中一个城市的展览上，张永和设计了像脚手架一样的建筑，而且每个脚手架都是支在一只乌龟的背上，其他形态各异的作品就是在这些空间里展开。而在另一个展览上，张永和又设计的是一个类似宋朝仓库的结构，每一根梁上则盘踞着一只仓鼠。日本的那个著名的搞纸建筑的设计师也为这些展览做了些别出心裁的空间设计。

作品也有意思。最好玩的莫过泰国的一个艺术家，虚拟了一部标准的商业片，并为这个不存在的片子设计了海报，并大肆宣传。一个西方美女在曼谷认识了一个开“突突”（出租三轮摩托）的小伙子，相爱了，于是小伙子跟随美女到了西方，并把他的“突突”也开到了西方。展览在巴黎的时候，故事就是小伙子开到了巴黎，和巴黎的美女相爱。展览到了伦敦，故事就是小伙子又开到了伦敦，和伦敦美女相爱……一个最可爱最天真的梦想，我们开着原始土气的“突突”，所向披靡。

侯瀚如在给我们看了他七个城市的展览之后，又展示他今年在威尼斯双年展拍到的一些图片。威尼斯双年展对于中国的艺术家来讲，相当于奥斯卡之于中国电影人。但侯瀚如拍的不算多，许多等着看的人不免失望。侯说起威尼斯，轻描淡写的，有点玩世不恭的感觉。

这时候，有人忍不住地问他，怎么看国内的艺术家。

侯瀚如说，怎么看国内的艺术家的作品都更像宣传画。

一句话说得许多人都不免要沉默。就连刚才大家看到的威尼斯双年展上的两个中国艺术家的作品和其他国家的作品都有这样明显的区分。国内的艺术家都如出一辙地运用着一些共通的符号，比如人肉，比如麦当劳标志，可口可乐标志……毫无创见。

活动结束走出来，和一个朋友说起刚刚侯瀚如表现出的那种淡淡的玩世时，朋友说，那是因为侯已见识得太多。

迷宫中的马尔克斯或者其他

我以越来越慢的速度读完了这本书，《迷宫中的将军》。

开始的阅读是很快的，第一天大约就读到了近二分之一，后来几天越读越慢，最后两章各用了一天来阅读。

缓慢的原因是因为我已预见到结束的来临，而我非常想推迟这结局的来临。一本书的结局或者一个人的人生结局。

这本书是马尔克斯一改平日我们熟悉的风格的作品。

在阅读的开始，比我往常阅读他的作品要费力。这个费力是因为他采用了写实的风格，也因为小说的主人公的背景我完全不了解，更重要的是其间涉及大量的政治斗争、战争战役，这对女性读者来说，要理清这些复杂的东西，实在是件吃力的事情。

可就是有这么多不适，我也越来越被人物抓住了。

被那个末路英雄的性格和命运抓住了。

那几天，在梦里，我就梦见了这样一个性格的人，勇敢，偏执，热情，狂妄，自大，情感丰富，有同情心，虚荣，同时还很脆弱，他肯行动，却常常不合时宜，他有魅力，吸引人，会被人拥戴，但往往遭人唾弃……

书里的那个将军，玻利瓦尔，一个典型的火相星座的人，被辉煌的命运抛弃了，孤零零地走向生命终点，一个征服了南美大陆的人，最后被必然打败……

这看得人心里揪起来了，合上书，好久不能平静，不能放下。

马尔克斯虽然写作风格改变很大，但时不时地，我在篇中读到很多熟悉的东西。比如河上的最后旅行，让我想到了《霍乱时期的爱情》的最后在河上的旅行。到达一个小城，那个城市的疯狗咬了孩子，于是全城开始屠狗，这也是《爱情和其他的魔鬼》的开篇。有个人丢失了行李，在无望地等待邮件，甚至将军也后来在等待邮件，这是《没有人给他写信的上校》的另一个版本。将军年轻的时候曾躲过很多次暗杀，有一次，他不相信盛传的暗杀即将来临的消息……这是《一桩预先张扬的谋杀案》的影子。大海泛着腐败的浓郁的花香，这个意象也在马尔克斯的短篇里经常出现……

正因为不停地读到这些熟悉的意象，所以我很好奇，他是先有这些中短篇，再有这本长篇的，或是反过来？到后来，读到后记和时间，发现，应该是先有这些短篇，再有这本长篇的。《迷宫中的将军》的出版后记写于1989年1月。

可以想见，马尔克斯平时迷恋的某个意象，他便拿来做短篇，到长篇适合的时候，再拿出来用。

他的短篇也因此很精致，长篇因此变得丰富。

可见，短篇的训练对于小说家来说是很必要的。而题材永远不会被浪费。

在这本小说之前一两天，我读的是日本的川上弘美的《老师的提包》，读得很快，流畅，一口气读完了。读的时候觉得写得不错，完全没有故事的小说，靠细节完成一个十几万字的长篇，而且还能让人读下去。可是读完了之后，觉得像是白开水过口，心里一点东西没留下来。

觉得我既不是主人公那样的性格，也不喜欢那种闷骚，觉得那种什么事都没发生，心里已经过了千军万马的日本性格，实在没意思。日本文学很擅长此道，他们也的确是这样的性格，可我觉得没什么大的意思。

这两本小说读完后，我就在想，阅读的难度可能也是必须的。

那种极易阅读的，往往读后就什么都不会留下，有一定阅读难度的，会逼迫你思考，放下书以后，心里仍没有放下，还会想很久。

当然，这个阅读的难度，不是玩弄读者，也不是作者把握能力低，而是他表述的世界的复杂性带来的。

看完这部小说，恰好又接着看了一张碟，《一个人的战争》（盗版名译为《黑色风暴》），霍普金斯演的，巴拉圭的一个著名的医生的故事。因为政府怀疑其帮助游击队，害死了他的儿子，于是他开始无望地和政府打官司……片子拍得非常好。很平实地讲述，而内容让人心惊，不停地比照起现实来。

这位医生也处于两难境地，是为儿子讨还公道，让政府有所忌惮，让政府对生命尊重一点，还是为了妻子女儿的安全，沉默下来。

这位医生是一位绝境中的英雄。看了这部电影，我便和西闪讨论起关于英雄的话题。

在读《迷宫中的将军》的时候，我也时时地会想起项羽，这种英雄末路是非常打动人的。只是中国传统文化中，基本上只有胜利者才是英雄。而西方不是，可能用勇敢的人来讲更准确些。英雄这个词在翻译上应该是不对等的两个词。

艺术与现实的边界

2009 年成都第四届双年展，主题定的是“叙事中国”。

但对艺术展，我很久不抱期望了。但还是要看，主要是为了看了说说。看了才有发言权。

邀了西闪同去，他拒绝，他说：能有什么新意吗？

这也是我的想法。从 2000 年以来，混成大佬的那些个，每年各类艺术展，也都拿些相仿的东西出来混一混，的确没有新意。

去了一看，就发现，今年的成都双年展，不能说没有新意了。

首先，大佬很少。全国那些风头正劲的大佬，几乎一个都没有。少了他们，就少了些符号，少了些跟国际接轨的意思。既便他们不来，我也知道他们的作品的样子。只不过，展览的档次显得掉了一截。呵呵，我无所谓，我又不是爱名牌的人。

其次，因为“叙事中国”，就必然得关注现实。不少作品都与地震有关。但是，关注现实的作品，就暴露了当代艺术的致命伤。一关注现实，艺术感就差了。好多作品直接描绘地震画面，就跟宣传画似的。

当然，我还是支持作品关注现实的。最多显得肤浅，至少不是无聊。

比如朱成和别人合作的一个作品，浅浮雕，是以很多地震中死难者的照片做成的浮雕头像，以面孔纪念在地震中逝去的生命。这是一个不错的作品。也让我联想到艾未未的统计遇难学生的作品，以及刘家昆为一个孩子建纪念馆等作品。

关注现实的作品，太容易流于直白简单。比如一个叫《上访者》的作品，就是一组大头像，底层的愁苦的面容，像标准照一样，旁边盖上红章，上书“某某信访办”“遣返原籍”。

除了现实还有不少的所谓历史题材。这些年好些二大佬就转型于此。一方面觉得国际上认这个，另一方面，也觉得自己书写了历史。这些画作，比起关注现实的那类，更是没有创意。但画面够大，所以画展上的效果就是，很多参观者跟这些“开国大典”等作品合影，也恍若自己进入了历史。

也有个别的作品有意思。比如有一个关于在女子监狱里教人绘画的作品。在一个带栅栏的房子里展示艺术家去教女囚画画的录像，另外三面墙上挂满了女囚们的作品。

结果这些女囚的画作很有意思。色彩大胆，想象力很丰富。她们有的画她们的梦想，也有的画她们的现实。甚至我看到有一个画的是她当初遭遇的一起车祸，而那起车祸就是她后来走上犯罪道路的起点。

我老是责怪画家们远离现实，倒是她们，一落笔就是现实，而且画得挺好。

以前有艺术家到精神病院让疯子来画画，当时我们觉得画得好。

现在看起来，这些女囚们画得更好。

可惜这个作品还是有缺点，比如，展示的女囚作品只是图片，而非原件。更重要的是，她们的署名是化名，而非本名。从我的角度来看，这点很不好。这作品也是她们的，她们有署名的权利。因为她们的特殊身份，就需要避讳这点吗？完全不成立。

这些女囚的作品表达她们的世界，直指内心，也因此有了动人的力量。她们的作品其实也印证了，艺术家和普通的人边界越来越模糊了。

看行为艺术是件体力活

以前只知道搞行为艺术要费些体力，费些身体，累些的还简单，搞得凶的还要付出身体代价，却没想到看行为艺术也是件体力活。

K 画廊这两天在搞行为艺术展。全名叫“八方（蜀京陕湘渝港澳台）行为艺术交流展”。第一个作品，是一个外籍长相的女子坐在地上，一只一只地剪着纸蝴蝶，周围围了一圈蜡烛，据介绍，这个作品的名字叫作《不要怕结局》，将用 6 个小时来完成作品。我估摸了一下这架势，多半是这女艺术家剪出一筐纸蝴蝶后，最后把它们点火烧掉。

接着第二个作品就开始了，这个作品移出了画廊，到了旁边一个正在装修的店里。只见那屋梁上挂了个黑色的大塑料袋。一个背上长着黑翅膀的人就走了出来。这人形象很逗，黑黑的，头上还戴了个黑色的尖顶帽。难怪这作品叫作《乌鸦日记 · 顶》呢，他那尖顶帽大约就是模仿乌鸦的喙吧。他在大塑料袋下面不停地起跳，试图用尖帽子去顶穿那个塑料袋。这种空中挂着的大塑料最让我警惕，我以前也看过一些空中挂着塑料袋的行为艺术，多半里面是一兜水，等会就淋得大家一身。我换了个远点的角度，继续观看，提防着到时飞泻而下的水。那人个子矮小，塑料袋又挂得太高，他蹦啊蹦啊，终于顶到塑料袋，塑料袋被扎穿，红色的粉末泻了下来。他争取跳得更高，更多地顶到塑料袋，红色的粉尘飞飞扬扬，洒下来，落到这个黑色的“乌鸦”上，效果还很好看。说实话，这吊个塑料袋的形式是很不新颖的，但这人那么努力地蹦啊蹦，顶啊顶，倒突然让人觉得了生命的盲目。虽然这可能完全不是艺术家想表现的意思。

接下来的作品叫作《永远的兰亭》。艺术家坐在那里，刻了方章，章上面是“永远的兰亭”的英文。刻完了便拿起来，像收藏印那样，戳了好多在一幅“兰亭集序”的拓片上。做完了，观众们转去看一个女艺术家的表演，她正在一大堆夜壶里，以身体动作表演女人和夜壶的关系，夜壶在这里，明显成了某种象征。就在这时，我还能听得见上一位艺术家正在向几个人解释他的想法，他说，他想以这种英文收藏印鉴的方式，表达文化交流的困难……他一直在解释，我觉得这很不妥，行为艺术最后要靠解释的话，那不如去写字了。写字更明确，还不费体力。

后来有个作品，叫作《壹圆钱》，艺术家用一元的硬币，支着上下牙，站着不动。很快，由于自然的生理原因，他的口水就不停歇地往下流了。那样子看着实在让人痛苦，我看了一会儿，觉得很受不了，就转到另一个区域去，一直等到那边观众发出掌声，知道作品完结了，我再走过来，就看到艺术家胸前湿印里，还有丝丝血迹。我心里不由得一阵庆幸，幸亏躲过了这个作品的后半部分。

再往后的这个作品，叫作《2007 年某月某日深夜的一声嚎叫》。艺术家拎着一堆东西出来，西装全套，牛奶面包，胶纸剪刀。他脱下休闲装之后，用胶纸贴住眼睛，然后蹲下来，摸索到脚下的切片面包，摸索着撕开包装，把面包团成一团，大口地咽着面包，当然这是完全吞不下去的，面包噎住他，他整个表情都扭曲了。我站在观众群里，手上正端了杯水，一下子，他那个近在咫尺的痛苦表情也搞得我非常痛苦，恨不能把水递给他。接着，他又摸索到牛奶，由于眼睛不能看见，开罐也非常不顺，终于摸索到剪子，扎开牛奶盒，把牛奶倒进嘴里，终于，慢慢地把堵在嘴里的面包咽了下去，然后用牛奶从头上倒下去，洗了个牛奶淋浴，忽然他一声长嚎，然后揭开蒙住眼睛的胶布，用毛巾把全身的牛奶擦干，穿上西装打上领带，变成了个“白领”。

碰到电视台采访，主持人问我：“这些行为艺术讲了什么？”

我说，我认为行为艺术是一种感受性的，观众感受到的东西未必是艺术家表达的初衷，观众有可能在其中感受到完全不同的东西。它有可能刺激你，也有可能触发你的某种想法。不好用语言直接解释。就像好的音乐，也不能直接用语言来说，这是表现了什么什么……

我看见主持人和摄影师都一脸的失望，我知道，他们是想听到观众说：“搞不懂啊他们在搞什么！”这样，回去做才好做节目。

但这些作品给我的强刺激的确让我累不堪言，站着看了这么久，觉得双脚麻木，两腿酸痛。后面还有好几个作品，我下了下决心，离开了画廊。走在回家的路上，心情逐渐平复，变得轻松起来，看了看表，原来才看了两个小时，我却误以为已经五六个小时了。想必是被这些作品强烈刺激，身心俱疲，观众和艺术家一样，都在消耗能量。

回到家中，看到网上直播的后面的几个作品，更是认为我提前离开的正确。那后面有的作品新意不大谈得上，但的确更为刺激人的神经。第二天还有其他作品，我咬咬牙，忍住，不去看了。

比写作更不能成为职业的

一个朋友讲她去看双年展，开展几天了，空荡荡的展厅里基本没什么观众。但她看见两个熟识的著名画家，在各自的作品前徘徊。从这简单的描述中就能感到其中的寂寞。

这位朋友感叹，作品是需要有观众的，作品是需要同观众一起完成。

我也知道，其中一位画家，有几次了，面对观众的询问或电视镜头，一再强调，你们看到的感受到的就是作品，不需要画家解释。好的画家不单要画画，还要担负起启迪民众，以纠正以前教育导致的民众缺乏审美自信。

每次想到这些，我都庆幸，幸好写作不需要这些。

写文章也是需要联络与沟通，编辑啊出版社啊，但究竟面对的是少数人，不是你所有的读者。联络与沟通对于我来说，是多麻烦和困难的事啊。

写作成为职业，我也曾暗暗觉得遗憾。我看见一些人，毫无功利心地自由写作，却写得非常好，也非常快乐。这是非职业才有的快乐。

幸好，我现在画画是完全的非职业状态。我一想起要画个什么，要出门去哪儿写生，我都觉得兴奋。这种兴奋，很难再在写作中找到了。

最近因为喜欢风景写生，开始关注印象派的风景大师西斯莱。买到河北教育出版的《西斯莱》。作者叫崔薏萍，写得非常好。她既非常忠实史料，又写得平实晓畅。读后，对西斯莱的命运感慨良久。

西斯莱的画非常安宁诗意，其实有东方的气质。对水和天空的描绘非常敏锐。看了他的画，往往走在外面，我会看着天，忽然说，你看，这天空就像西斯莱的天空，那云，那云的阴影，那好些色彩混合的天幕。西斯莱描绘的天空会让人学会看到不同往日的天空，许多微妙的变化，以前是体会不到的。

只看他的画，会以为西斯莱是个富有的画家，心态良好，所以画面总是那样平和。

直到看了他的传记，才知道完全不是这样。

他贫穷，欠债，时常支付房租和购买绘画工具都困难，在印象派刚刚出现时，他的画不被世人理解，在众人都追捧印象派时，他又被雷诺阿和莫奈的光辉掩蔽。

我看他的画，有时也不免想，为什么画面这么平实，不搞点冲击力。但是我欣赏和佩服的也是他的这种偏执，他画他喜欢的，他画他的个人趣味。

但人们对冲击的要求，其实就是市场要求，也是西斯莱贫困潦倒的根源。

画家面对的这种矛盾，恐怕更胜于写作者吧。

写作者可能只是你的作品发表出版得少些，但勉强吃饭还没问题。画家也许是基本生存都不行了。

其实说到这儿，就想起了另一类画家。现在画家往往小有名气，就得巩固自己的地位，于是不停地复制自己的作品，打上自己的符号，靠成批成量，形成影响。许多人用这种方法是成功了的。更多的年轻人，就在各种展览啊、期刊啊，先是尝试各类题材手法，一旦哪种被人注意到了，从此就专攻此类，变成一台复印机。当然，我理解，和文字作品可以无限复制不同，绘画作品一般只会有一幅，他们会认为，这无法对付这个资讯时代。但这还谈得上什么艺术创造，其中还有什么创作的快乐？

最需要创造的人变成复印的机器，怎一个惨字了得。

我想，他们也许还是有人会像我怀念没有功利的写作一样怀念发自内心的绘画吧。

我知道许多画家论尺卖自己的作品，有的是可以提供菜单给顾客点，比如要秋色，或者熊猫，或者牡丹，有的需要跟以前每个主顾保持亲密联系，以便他们第二次消费，有的去给富商画像，对方提供一张照片即可，也有的生意太多，自己忙不过来，交由学生先画，最后自己润色和签名即可。

这些还不是那些籍籍无名之辈，多数也算是在国内有点名气的。

其实我并不想鄙视他们，对于丧失了绘画的幸福感的画者，我满心同情。

西斯莱坚持自己坚持了一生，到老年却遇到了一个难以逾越的坎。

他由于画风景和性格使然，他住在郊外，同时由于经济的原因，他基本不再参加巴黎的社交活动。他的展出机会、售画机会越来越少，当初共同出道的朋友莫奈等人却如日中天。他的精神陷入了困境，他认为是曾经的朋友因为他的远离而打击报复他。他既愤且妒，日益沉默孤僻，最后在贫困和精神的痛苦中去世。

其实他去世，老友们全力安顿他的孩子，也可明显得知，他是误会了他的朋友们。

但如果设身处地，是完全能理解他的。你完全能想象一个老画家，被世界摒弃在热闹之外，而热闹中的，都是他年轻时的好友。他是会误会的。他是会愤怒的。也是会嫉妒的。

但是一位那么坚持个性，画面中永远平和冲淡的人，老了，最该通达的时候，却陷入这样的精神困境，真是让人心痛。

因此，我也多想了一下，有恬淡是不够的，平和也是不够的，隐士，不能只是身处郊外，更重要的是精神上的退守。有可退的空间和自由，更有可守的精神。隐士，只能是有强大内心的人才能做的。

作者崔薏萍的文字清新风趣，书里有一小段文字写到画家会面临的一种困境：

“画家的画若是卖不掉怎么办？存在阁楼、潮湿的地窖、乱糟糟的储藏室、堆满杂物的车库，或是亲友家的墙上。”

我读到此处，哑然失笑。我因为也在画画，所以完全能想象那种场景。是啊，如果画家每日要面临这样麻烦的现实，他又能怎么办呢？我们又凭什么去苛求他们？

我想唯一能提醒大家的是，千万不要让孩子去当一个职业画家。

发一个标准的呆

有个叫罗伯特·米兰的法国艺术家要来做作品，作品是每个人的发呆内容。

作品的形式是他去到别人的日常生活中，拍下每个人发呆的瞬间所看到的，然后用一两句话记下瞬间所想到的。

我看他拍的内容，有的人对着墙角发呆，有的人冲着挂钟发呆，有的人冲着一条天花板裂纹发呆……

约好了要到我这儿拍的时间，我忽然有点紧张，朋友们便说，不要紧张，不要打扮得那么漂亮，又不拍你的人……

其实我是在想，有一个人在旁边守着你，还是一个语言不通的陌生人，还要看你发呆，你怎么才能发呆？

虽然我从小就是发呆高手，在小学课堂上就培养出来了，但是我的确不能想象在众人面前发呆。

我也不能想象别人的这种表演性的发呆。

但晚上我看到一大屋的人的时候我真的就呆掉了，除了艺术家外，还有充当翻译的朋友，翻译的朋友，以及翻译的朋友的女朋友，我在想，怎么打发掉他们呢？

很快我就进入了发呆的状态，两眼无神，在想，赶快发呆吧，不发一发人家就做不完作品。

同时还有一点残存的意识是不能发这么低级的呆，不能发这么不友好的呆，怎么都该高雅一点呀……

我看到一个桌角，又呆了一呆。想着怎么这么乱，这些东西哪里来的……然后又想，可能今天要专门发呆，眼光就有一点不一样了吧。

随后，眼光又停在一个窗台上，上面是一个我不喜欢的工艺品，半天才想起，我刚才不是真的发呆了吗？可是我刚才想了什么呀？

想不起来，肯定是刚才什么都没想，像我最标准的发呆。

然后在脑子灵活的状态下，想起白天一直在和朋友讨论，我可不可以一个人去旅行，朋友们都反对，可能是有道理的……

翻译用渴望的眼神望着我，我对他说，我刚刚已经有状态了，就是看着那个窗台，想着一个人是不能去旅行的……

众人都松了一口气，说，好好好，呆得好。

法国艺术家就一本正经地在我刚刚站的地方架起一样高的相机，拍下窗台的那个角，然后请翻译正正经经地写下了我那句话。

搞笑的面对严肃的

先都已经笑翻了，但最终眉头又皱到了一起。

首都的观众们在苦苦思索，这是什么意思呢，这讲了什么道理呢，它的中心思想是什么呢?

他们也忘了刚才的忍不住的笑声和节制的掌声。皱着眉头。

好在每场剧结束之后都有个与观众的交流会，像新闻发布会一样，孟京辉他们坐在舞台上，观众像记者一样举手，拿起话筒提问。

据说这是惯例，实验话剧后都有这样一个交流会。

《臭虫》是场很好玩的话剧。

这部戏是从马雅可夫斯基的《臭虫》那儿化来的，还有点后现代。

故事讲的是苏联的主人公普利绥坡金，是一个追求生活享受的年轻人，在当时社会中有点和别人不一样的想法，社会的大多数是反对他的，他抛弃了平胸的纯朴的劳动人民的恋人，娶到了丰满性感的资本家的女儿，而在他们奢华其实仍算寒酸的婚礼上，一场突来的大火使他被消防队的大水冰冻在地下室。50 年后这个冰块被人们发现，人们因为对 50 年前的人好奇而让他复活，但复活的主人公发现，人们很快就厌倦了他，只对这个干净的世界早已灭绝的臭虫感兴趣。而这只臭虫是随同主人公一起复活的。主人公对新的世界完全陌生，唯一能认识的就是这只臭虫，人们要把这只臭虫养在他的身上，对这个新世界充满愤怒的他，在人们到动物园来参加观赏仪式的时候，他把无数只臭虫送给了每一个人。

这部戏里充满了无厘头的搞笑。

在婚礼上，宾客们唱起的歌是闽南话的《爱拼才会赢》；在巴洋教普利绥坡金跳舞的时候，看不下去的工人阶级呕在了自己的碗里，同时，也抢过别人的碗来呕；在讨论是否让普利绥坡金复活的时候，正反两方采用的是大专辩论会的形式；演员在谢幕以后忽然全体如继续被臭虫缠身，一齐抓挠，四散逃下……

看这出戏的时候，你会不自觉就想起周星驰来，当时我就想如果问孟京辉一个问题，就是你喜不喜欢周星驰，不知道他会说什么。

无厘头是不需要观众的思考，所以观众的笑声一阵阵的。

舞台的布景简洁，半截由高及低的短墙，造成了不错的透视效果，巨大的抽象的头颅，前半场被蒙起来的时候很简洁而且颇有悬念，后半场被亮出来，头颅上的小空间又给舞台造成了很好的视觉落差。

在过场中，背景的天幕上，一个巨大的鱼骨游过。在另一个场景中，一架直升机从天幕飞过。

都是些好看的镜头，表演中也很爱使用定格，如果不是舞台，而是一幅幅油画作品或者一个个电影画面，我觉得也是很好看的构思。

但观众对仅仅是好看是不能满足的，他们想追求意义。

孟京辉也是想表明意义的。

《臭虫》的宣传品上都印着这样的几句话："这只臭虫是咬在我们脑子里的欲望小爬虫/是我们思想的垃圾/是我们迷幻时的朋友/是我们清醒时的敌人/是我们滩（原文如此）倒在现代文明上时出现在我们面前的魔魇"。

这几句话真让人费解。

有了这样的注解，我想观众更不敢，也不甘仅仅是笑笑而已了。

于是，在与导演的对话中，观众针对意义问个不停。

一个观众甚至问，你让一个大鱼骨游过去象征什么意思呀？为什么是大鱼骨而不是别的？

虽然离得远，看不清孟京辉的表情，但我想他当时一定是笑神经动了一下的。他说："其实当初也没想那么多，只是觉得画面有意思，好看……"他肯定马上又觉得这样说也太让首都观众失望了，接着又说，"这个鱼骨从这边缓缓游到那边，是象征了时间的流逝，因为首先鱼这个形象……"

像对待每一个问题一样，他严肃地回答了这个观众，讲了很多，满足了这名观众的求知欲。

但从这儿，我就在想，孟京辉的复杂解说是为了应付观众和媒体的，首都的观众和媒体怎能不追求意义呢？

但就是有了这种解说，意义还是不够明显。所以，首都媒体上叫好的评论几乎没有。

也因为这种对意义的追求，造成了这部戏的后半场远不如前半场吸引人，有些疲沓混乱，扯不清楚。而前半场则是不需要说明什么复杂问题的，只是在一个“个人主义”在“万众一心”的时代的种种闹剧。

观众们也想不通，花了百多元钱，怎么能只是笑了一晚呢？那这和泡吧有什么区别？这还是实验话剧呢，不说点意义还算什么前卫？

比西方还遥远

金炳混，广东口音，个子不高，待人诚恳谦和，像极了我认识的一些在北京的广东籍的知识分子。

其实他是韩国人。

曾在广东美术学院留学研究过中国水墨画，所以学得一口广味普通话。

这次他来中国，是办一个个人的 Video 展。展览的名字叫：“群众和权力”。

在首师大的美术馆的展厅里，左面的墙上是两个画面。一个是关于群众和权力的一些文字，一个播映的是被塑料薄膜裹住的呼吸，血液微循环，眼睛眨动……这些画面节奏缓慢让人感觉压抑。

中间正对的墙上播映的是有无数群众的场面或者跟权力相关的场面。

韩国的和朝鲜的。

警察和游行群众的暴力冲突，国家组织的各种庆祝游行，首脑们的会议。

一列列整齐划一的人群，激动不安的人群，在墙上走来走去，一种滑稽感就出来了。

可我对这两国家的时事很不了解，只能模糊地知道，这个画面大概是什么，这个好像是什么。

右面这面墙上从上到下贴着巨大的狼的图像，四台电视播映的是一只陷入陷阱的狼，挣扎的狼，奔跑的狼，死亡的狼……中间叠加了无数的漂亮的 MTV 片断，漂亮的歌手，漂亮的镜头变化……极快节奏的变换中让我却觉得了一种忧伤。

来看展览的人，都不怎么对作品发表意见，金炳湜像一个标准的中国知识分子，欲言又止。

他来办这个展览不容易。

在韩国，他是釜山文化艺术大学一个教师，教学生水墨画，水墨画是学术研究，做 Video 才是艺术追求。有评论家说，金的创作一直具有当代韩国色彩的政治情感，他的 Video 试图批判影像的后殖民性。

金炳湜这次来搞展览，自费到中国来，还因为携带电视机入关惹了无数麻烦。大家没有热烈反应，他自然有些失望。

他后来说，这些群众场面给西方人一看，他们马上就会激动。

朋友对他说，可这些场面我们中国人挺熟悉的呀，早见惯不惊了。

西方人的作品我们很可能一下子就能沟通，好像是只要直觉就够了，其实背后我们还有一直的关注和深厚的影响，本土的作品我们有时连那个艺术家的每根神经的走向都清楚。但同样处于东方的韩国和它的艺术家金炳湜却让我感到了隔阂。

虽然我觉得金炳湜人很好，天秤座的，和蔼可亲，语言没有障碍，但的确有种东西在阻隔。比西方还要遥远。

第十章

忠告或者废话

忠告或者废话

关于忠告，我们有太多的格言。古人说，良药苦口利于病，忠言逆耳利于行。老人说，不听老人言，吃亏在眼前。

总而言之，都是教导人们，要听忠告啊，不然马上就会撞到南墙。

也有不爱听人劝的，最著名的格言是："走自己的路，让别人去说吧。"

这其中说的"别人说的"，除了批评嘲讽，难道就不包括别人的苦口婆心的"忠告"？

可见忠告本身就面临证伪。

哪些是忠告哪些是废话？哪些能听哪些不能听？

忠言逆耳，但逆耳的未必是忠言。如果用逆耳来判断忠告，那岂不是人人都要听从那些骂大街的人的意见？也许有人会说，得看对方的出发点。但是对方就算是以为是为了你好，他们是最爱你最疼你的亲人，他们却永远不是你。他们和你的立场不同，观点也不会相同。他们对你方方面面发表意见，恨不能替代你生活，替代你做每个决定，但他们真能替代你么？你愿意就被替代了么？他们这种种意见，也许真有值得听从的忠告藏匿其中，但必然也包括大量的废话，你如何筛选?

忠告还是废话，这是个吊诡的问题。

从出发点和逆耳度不能判断，那只好从结果判断了。

但如果从一件事情的结果来反推，当初的某句话是忠告还是废话，那又还有什么意义呢?

我们设想一下，当初比尔·盖茨想退学创业，他身边一定也充斥着各种“忠告”。如果他听从了那些劝他留在校园的意见，也许后来的他就不会有那么大的成绩。但后来有很多效仿者，纷纷要退学去创业，他们也一定被同样的“忠告”包围着，一定有人没听忠告，最后出来创业也没有成果。这样的人，老大徒伤悲的时候，很有可能后悔当初没有听从那些劝学的忠告。

同样的意见，却可能导致不同的结果。所以，忠告从结果上来看，都很难判断了。

而且，在这个世界上，意见是越来越多，面对这些意见，抉择才是问题。

就像唐太宗，公认的最能听取意见的人，但你也能想见，他每天会被多少意见包围，有说东的，自然也有主张西的。所谓能听取意见，其实是指，他面对种种意见，有着高明的抉择能力。

《南方都市报》的前总编陈益中，多年前我碰到他，听到他说的一句话，觉得很有启发。他说，每天他们会收到大量的读者意见，说什么的都有，他不会为此发愁，因为他知道，自己才是全副身心都在这份报纸上的那个人，自己才知道这个报纸的思路，知道这份报纸的努力方向。我明白他的意思，不是仅止于听不听意见，而是他自己知道如何判断，如何去做。

行动才是最重要的。

现在能看到的是，在他和他的后继者共同的努力下，《南方都市报》当之无愧地成了中国最好的都市报，不仅得到了读者和市场和认可，他们的新闻报道，也在一定程度上推动了中国的进步。比如“孙志刚案”的报道，直接导致了“收容审查制度”的废除。

再回到“忠告”和“废话”的问题上，我们就看得到，与其被众多的意见困扰，不如判断、选择和行动。而要判断一句话是忠告还是废话，我们需要的仍是学习、思考以及行动后的总结。

永远的此时此刻

艾丽丝·门罗的小说我找了很久。直到今年门罗新获布克奖，国内才出版了门罗的第一本书，就是这本短篇小说集《逃离》。

门罗小说的写法非常特别。

她的小说名为短篇，其长度却接近中篇，写作手法上更接近长篇。

我看有人认为她近普鲁斯特，应该就是指写作手法。

她有极大的耐心去描摹细节和心理，而那种细致的写法，一般不会在中篇里出现。中篇小说一般会讲究故事的推进，线索一般会单纯些，叙述也会简洁。短篇的写法也不是这种，短篇一般讲究此时此刻，只有眼前的一点暴露在叙述的聚光灯下，其余都会隐在茫茫的黑暗中。

但门罗既叙述此时此刻，转到彼时彼刻的时候，她一样的细致描述。彼时彼刻也就成了另一段此时此刻。

因此，门罗的作品有了一种很特别的韵味。

一个短篇，叙述时间却可能跨越一个人的一生。如果是其他人的作品，那一定会简写大部分。而门罗却可以，写某个人的时候，写年轻的时候，仔细描述，让读者有“此时此刻”感，转到下一节，已经写到多年以后，仍是仔细描述，仍让读者觉得现在这一段，又是“此时此刻”，让你恍然觉得前一部分，那些多年以前，已经成了“彼时彼刻”。

这种时间错位的感觉很奇特。

你觉得她对人物的叙述永远是现在时的，每时每刻的人物，都如同和读者在同一个时间维度，而人物同时又在故事里，已经千山万水、岁月如梭了。这种感觉，一般长篇小说才容易制造出来，而门罗却用短篇的篇幅做到了。

门罗喜爱的题材多是些小地方、小人物、小事件、小悲喜，从这些题材很容易想象门罗的确是居住在一个地广人稀、节奏缓慢的地方。门罗的笔下，人物的命运，有着一些循环之感。父母、子女以及孙辈，命运都呈现一种似曾相识的面貌。上一节一对年轻人还在恋爱，恋爱中的细节一应俱全，下一节可能是年轻人已经为人父母，子女长大成人，生活的细节情感的细节仍一一铺陈。

这种时间和命运的循环之感，在中国是很难感受。我们的时间像箭一样，飞速向前，一去不回。父母的命运和子女的命运，因为时代的不同，会呈现出完全不同的细节面目。

现在读西方当代的小说，这种循环之感也很少有。时间都会很明确。时间感不明确，有循环之感的更多的是十九世纪之前的小说。

我仔细揣摩门罗，发现，她这种模糊时间感，制造出这种永在此时的感觉，其实也不单是因为她所处的环境，也有刻意的成分。比如，她写一个人身处 1920 年的小城镇，她便不去提跟时代有关的一切细节，而细致描写的都是一些人们经验中相通的东西，比如在火车站上等车，沿着一条碎石路散步。如果她不说，这是哪一年，你是不知道的，她对人物贴身描写的时候，其实她也有意地遮蔽了一些信息，更加造成读者的感同身受。

这本小说集里的篇目，有的写作手法差别大，呈现出的面目差别大。但都看得出门罗在短篇里寄予的东西其实是很宏大的，在一些细节里要探讨人物的命运。她有的把握得非常好，有的就不是那么玩得转了。毕竟在一个这么小的篇幅，要装一个像大长篇一样的内涵，难度还是很大的。特别像她最后一篇《法力》，转换了好些方法来叙述，从日记体到第三人称叙述，再到书信，又转回第三人称，最后用一个梦来结束。这么大的动静，是因为力所不逮。

摇滚乌托邦断想

一

当《海盗电台》最后的音乐响起，字幕出现，我长叹一口气。

其实我是满心激动，满心欢乐的，长叹这声，是因为，我刚刚为媒体写了另一篇影评。如果早一天看《海盗电台》，那当然就写这个了。

看完这部片子，心中充满了念头，左冲右突。

太喜欢这部电影了，可惜我们没有这样的电台。

20 世纪 60 年代，一群建立摇滚乌托邦的人。在茫茫大海上，播出他们的节目，全国的人都是他们的听众，打球的人们、休息的人们、晒太阳的人们……还包括窃笑的少女、学步的婴儿……

听众们随时听着他们的节目，听众们随时感受到他们的节奏，他们的喜乐，听众们也一起起舞……

这种互动，其实仿佛现在的网络互动，但更激情澎湃。

二

我们没有这样的电台，我们更不要想有这样的媒体。但好在我们有互联网。

互联网有一点这样的意思的。

互联网日益细分，如果你愿意去找同伙，花时间和精力，就能在网上找到他们。早先可以用豆瓣，从读书看碟的角度去找，后来可以在豆瓣小组找。后来豆瓣日益衰弱，但新的网络方式又起来了。

先是饭否。饭否聚集起气味相投的人，一个个关注者或被关注者链接起来，相近的声音就大了起来。你可以关注，每时每刻，你的同类在干什么，在说什么。此时此刻，你所关心的世界，你看得到。

这就有点《海盗电台》的意思了。

饭否有个地图，地图上，随时一个个点冒出来，是一句句的话，说着每个人各自的感受和行动，是来自北京、上海或者纽约……甚至海南的一个渔村。你看到这个地图，一句句的话冒出来，你能感到这个世界的鼎沸。

我曾爱呆望这个饭否地图，想象这个世界的辽阔和无解。

饭否很快挂了。但饭否却打开了一扇窗，大家一下子爱上了微博。

更多的人开始使用 twitter。

如果你愿意，你就可以找到属于你自己的海盗电台。就算不能参与其中，至少能与他们同步。

三

英雄和美人，摇滚和爱，都是天然不可分的元素。

在《海盗电台》里，他们平时是禁欲的，但在特定的日子，少数的女人获准探访他们，她们带着尖叫和渴望而来……

女人爱这些摇滚的英雄。就像爱情是天生为理想主义准备的。

这是个有意思的问题。

摇滚乃至很多看似不切实际的事情，就是王小波爱讲的“反熵行为”。按理说，这种费力不讨好的事情，结果就是在现实社会里不讨好。但是，这种行为却能赢得尊敬和爱。

现实社会，商业规则，在爱中，却是大输家。赢得了全世界的钞票，也未必赢得来别人内心的爱。

因为爱，本身就是不合商业原理的反熵现象。

四

讲了一堆摇滚的好话，得说一下摇滚的坏话了。

说的不是电影里的摇滚，说的是我们现在的摇滚。

也说的不是个别的摇滚，我们还是有很少的一些人，有坚持，有理想，他们在摇滚里关心世界，关心现实。像周云蓬、盘古乐队这些。

但更多的是，现在摇滚变得软绵绵的，甜蜜蜜的。

有次我碰见一个搞摇滚的小子，他说，对他最难的就是歌词，他觉得用中文写歌词真是太肉麻了，他还是喜欢用英文的。我听了他的歌，结果，歌里果然只有英文单词，就是几个“宝贝”“我爱你”之类的词，剩下的就是些纯粹的哼哼。

有了这样的调调，就算你把吉他敲碎，把喉咙震破，它也不是真正的摇滚。

五

最后想说说关于乌托邦的电影。很久以前，我们习惯于乌托邦的破产结局。人们都是这么认为的，乌托邦嘛，最后一和现实碰撞，就碎了。

但《海盗电台》这部乌托邦电影不仅好看，还乐观。

反之我联想到也描写乌托邦的《海滩》。那就是一部写实的电影，写实到最后破坏乌托邦。一个隐秘的洞天福地，一群年轻人，躲在一个岛上，自给自足，远离现实世界，过着原始而浪漫的生活。但是要维持这个隐秘，却必须付出血的代价。乌托邦就被粉碎了。

又联想到这几年看的艺术类影片，似乎有种情绪和气氛与 80 年代 90 年代的艺术片很有差别。

比如这几年的《摩托车日记》《V 字仇杀队》等等，和以前的《发条橙》《索多玛 120 天》《大开眼戒》《燕尾蝶》等等，多么不同。

我说到的这几部电影，也都很有乌托邦气质，有些不是一群人的乌托邦，但也是一个人的乌托邦。

《摩托车日记》《V 字仇杀队》，没以前那种绝望了，有人间的希望在。

我为了验证自己的想法，还查了一下《海滩》的年份，是 2000 年 2 月上映的。从摄制时间来推断，当然应该归为 90 年代末。

当然，还有一个可能，就是十年前，那种绝望的片子容易闯入我心，现在，是我改变了，我喜欢的是《海盗电台》这样的片子。

年纪渐长，却更加乐观和有力，更相信理想，坚持反熵行为，觉得乌托邦的背后照见了人间的希望。我很满意我能这样。

最终的负累和堡垒

当我看到影片《四月三周两天》的时候，又突然想到了《小团圆》的一个情节。它们描述了一个相似的情形。

张爱玲的《小团圆》出来以后，非议一片。很多人认为写得不好，但也有人为她辩护，认为写得深刻，写得全无掩饰。比如一直力挺张爱玲的香港文学教授许子东。

许子东和其他挺张派最爱举的例子就是，当主人公沉沦于肉体的欢乐之时，作者笔锋一转，写的是若干年后，在纽约，主人公堕胎的情景。

《四月三周两天》的故事发生在 1987 年苏联解体前的罗马尼亚，当时罗马尼亚仍是禁止堕胎的国家。女大学生 Gabita 意外怀孕，同窗女友 Otilia 决定帮助她秘密堕胎。她们艰难筹钱，订下宾馆房间，接来负责堕胎的黑医生。谁知黑医生觉得钱太少，要求两位姑娘用身体作为追加的报酬。她们别无他法，只有服从……

影片的手法非常写实，也正是这样题材最适合的风格。

当主人公 Otilia 从宾馆带出 Gabita 刚刚堕下的死胎，在深夜的城市里，寻找一个可以安全抛弃的地方。她在夜里仓皇奔走，把观众的心揪得死死的……

当 Otilia 刚刚为了好友以身体偿付了黑医生，就赶去参加男朋友家中的聚会，她无法对他说出这一切，同时，又难以遏止地设想，如果是她怀孕了，该怎么办，男朋友会怎么办……

当她最终扔掉了死胎，回到宾馆，看到好友 Gabita 面无表情地坐在餐厅里，点了一份牛肉猪肝。她只能喝一杯白水，她冷冷地看着对方……

只有这种写实风格，最让观众感同身受。感受到这种无法言传的恐惧、矛盾、悲哀。堕胎的女友 Gabita 说不出来，主人公 Otilia 也说不出来，所以，她们在影片中，对白很少，更没有对感受的交流。其实，观众也很难用语言说出来这种感受。

四月三周两天，正是 Gabita 从怀孕到堕胎的时间总长。

很巧的是，张爱玲的《小团圆》里，写主人公九莉的堕胎状况也跟这部电影有些相仿。九莉的怀孕时间也是四个多月，也是请了黑医生，甚至也用相似的堕胎手段。当然九莉还是要幸运些，她的男友守在屋外，怕出意外，并声称，如果医生不轨，就拿斧头砍了他。

我想，同样都是描写四个多月的堕胎，是为了更加突出这种矛盾和困难。据医学声称，人工流产只适宜于怀孕的前三个月，而且，在《小团圆》里，张爱玲描述，九莉打下的胎儿，已经看得见一双大眼睛。九莉从马桶冲走了死去的胎儿，更增添一份触目惊心，但这种感受可能也是作者写作这部小说的原始动力。

由此也不免设想，这两部作品，如果描写的不是禁止堕胎的状况，不是四个多月的身孕，那是否还有这主人公的矛盾和痛苦？

仔细想想，应该是一样的。那些外在的禁忌，只是为了更加刺激观众和读者。真正让人矛盾痛苦的，其实是堕胎本身，是内心的搏斗挣扎。

这已经不止是法律和宗教的管辖范围，这是女性最终因身体面临的一个困境。

人类及灵长类，都天然有着追寻性快乐的本能，但造物主同时又制造了一个玩笑，就是，虽然是冲着性快乐而去，但却会有着生育的副产品。

女权主义在这个问题上是有着鲜明的立场，认为女人完全有权力支配自己的身体，这当然也包括生育权。但同时，女人当需要放弃胎儿的时候，仍不免内心受到煎熬。如果有外力重压，比如法律宗教的禁忌，女人可以把内心的这种矛盾转化为外在矛盾，也许还可转移一下压力，当外力没有重压的时候，女人内心一样会觉得困惑不堪。

这其实成了女人最无法解决的负累。女权主义到了这时，也是软弱无力的。

怀孕，一直是很多女人的堡垒，可以寄托现实生活，也可以寄托人生意义，但现在，计划外怀孕，成了追求性快乐的女人的最终的负累。

这其实不单是女人，根本上来说，就是人类的天然困境。

唯一能求助的，只能是各种避孕良方，祈求永远不要意外怀孕，逃避掉上帝这个玩笑。

他们也生于 1970

他们也是生于 1970。

其实，这点真难让人想起来。

平时，我们谈到的生于 1970，意味着什么？

是写作的新生代，抑或是最早从大学退学，兴办实业的商业精英，再有就是具有新锐思想的南方媒体人。

但我的高中同学们，他们也一样，生于 1970 年。

毕业后，其实大规模的聚会只有两次，一次在 1999 年，一次是今年。毕业后的第十一年和第十七年。

男同学中年发福，女同学却还靓丽妖娆。这也只是表面现象。

一回到那个氛围中，像许多参加过同学会的感叹一样，以前每个人的定位就又回来了。这真是件怪诞的事。

女同学坐在一边，男同学坐在另一边。喝茶的时候各占据长桌的一端，吃饭的时候自然分成两桌。女同学聚在一起，互相拉扯着，头碰头地小声低语，如当年一样，悄悄传递着议论。心里对男同学的世界充满向往，但总是要在口头上抨击那些出头分子。所以吃饭的时候，只有女同学的这一桌，等男同学单独过来敬酒的时候，就利用集体的力量，群起而攻之，逼那个男同学喝下无数杯酒。

很难想象，眼前的这些小女人态的女人们此时已经三十五岁了。就好像她们从高中毕业后，心理就不再成长过。

男同学还是要活跃很多，大声说话，大声表态，大声争执。开着玩笑，斗着嘴。

我和个别女生，也如当年一般，自然地站到了男生这边，愿意跟他们大声说话，询问着近况，感叹着过往。

我的这些同学们，现在有公务员，也有失业者；有警察，也有犯了案子进了监狱的，还有因吸毒至今未获自由的；有公司老板，也有公司小员工；有生意虽然大了，但我觉得像骗子的，也有传说毕业后去从事性服务行业的，后来不知所终的；有早年远嫁海外的，也有新近移民出去的；有人病了，也有人整了容……

身份特殊些的同学，一般不来参加同学会，想来，有些人是觉得世界太大，已经不屑于拘泥中学时的感觉，有些人是觉得世界太小，见江东父老不堪。

来参加同学会的这些同学，你能感觉到他们生活稳定，工作稳定，情绪稳定，他们和她们，都像这个社会最坚实的那部分，是超稳定结构，也是我们平时在媒体、在电影等等见到的那个五光十色的世界的背景。

他们安分，甚至你感觉不到他们的向往，感觉不到他们看世界的目光。

我的高中班，是一个职业班，专业是计算机，当时这是个听起来多么新鲜的专业啊，但来念书的大多数，真是因为读书不好、应付考试能力差才来的。班上的学生来源是三部分，一部分是四川大学子弟，一部分是科学院四川分院子弟，一部分是从外招来的。我属于最后这部分。

班上的有些同学是真没长心的那种，既不学习，甚至连早恋也不会，懵懵懂懂，随波逐流。我听西闪讲他高中的班级，也是个差生班，但那里弥漫着一种绝望之气，许多人破罐破摔。其时，我这个班上的这些同学，他们大约都觉得以前有父母撑着，将来也会有的。

也有少数同学，其实是热爱学习的，可惜这个班上既无好的学习风气，甚至连基础课的质量都不能保证，这些同学，他们埋头苦干，也无多大成效。

其实这个班对我来说，我觉得却是一个很好的机会。初中我所在一个极压抑的环境，班主任是个地道的党棍，在班上搞各种政治手段，比如设告密机制、监视机制，那时我已经能辨别这基本的是非，所以觉得非常痛苦。结果在这个思想压制的班上，大家成绩也是不好，创下了重点初中升重点高中的最差成绩。大多数同学愿意留在那省重点读慢班，但我却一心想离开那里，慢班是多羞耻的称呼啊，所以我选择了计算机职业中学。

很快，我就为自己的选择庆幸。在这个班上，我乐观自由的天性得到了充分的发展。我从初中那个抑郁害羞的女孩，变得活泼热情、开朗叛逆，和男同学打成一片，和老师对着干。我碰到的班主任仍然不好，是个更年期的妇女，她极端喜爱男同学，把聪明的男同学称为“儿子”，顺理成章，她恨那些活跃出众的女孩。觉得她们是一个个小狐狸精。

我最要好的两个女同学，她们和我一样是班主任最痛恨的。现在她们没来参加同学会，大家知道的是一串串传说，她们大约都走得很远了。

其他同学的今天，其实现在回头看来，也大体是看得出当年的出处，后来的走向，这十几年的轨迹，都是有章可循的。

性格决定了他们的今天，而性格，在当时已经完全成型，甚至，他们的身上，命运的作用很小了。

随大流的仍然随大流，肯冒险的制造传说，独行的人向前走。

我们和比我们年长几岁的人，都经历了最严酷的升学考验，跟这些年不能相比，现在高考已经扩招几番，中学之后许多人都还有受高等教育的机会。比我们年长几岁的，上不了大学只有到父母单位顶班一条路。在我们那时，机会似乎多了一点，但其实也看不到多少希望。特别是出生于1970年，就是出生在中国人口生育高峰的一年。

我现在忍不住这样假设，如果，有更多的机会，我的那些同学有更多的能接受高等教育，是不是会有所不同。我马上也推翻这样的假设，因为我明白，这跟教育无关，跟机会也无关。许多有相似性格的人被潮流冲到了一起，他们慢慢沉积下来，他们构成我们世界的重要的部分。他们沉默在聚光灯后的阴影里。

我最要好的一个男同学，前几年听说因为喝酒过量，脑血管爆了，已经偏瘫，被送回上海老家，之前，他开过一个也许不符合规范的小化工厂，再之前他高中毕业，进入工厂，打铁，因为那样能挣最高的工资。其实，他本是个聪明的人，如班上个别聪明的学生一样，有时由于心智早熟，反而不能应付传统方式的教育。

同学会后，我在网上搜索了一下，搜到他的名字，出现在上海一个机关的电脑技术组的工作人员名单里。也许是他吧，也许是同名同姓，我希望是他，希望命运最后还是没有抛弃他。

《我爱问连岳》：烹小鲜如治大国

对于连岳来说，相比《我爱问连岳》的热销，今年更重要的事情是厦门环境保卫战的胜利。对于读者来说，相比连岳捧出的一碗碗情感鸡汤，更看重的是连岳谈时政，直至身体力行，引导民众，共同保卫家园。

但《我爱问连岳》的确在今年创造了一个情感高潮，它当之无愧地成为今年畅销的书籍之一。因为好看，也因为好看背后的真知灼见。

从作家出版社今年六月推出第一版起，短短四个月内，连续印刷四次，总印量为两万五千册。网络上读者的评论，也推波助澜，《我爱问连岳》高居豆瓣阅读指数榜首。专栏文章结集引发的洛阳纸贵，这倒是很罕见。

谈情感谈到洛阳纸贵

其实，谈情感的文章从不缺乏，讨论情感的专栏，几乎每个媒体都有，情感专栏的文集丛书也比比皆是。仅是情感问答、情感信箱的文集就有很多——但，从没有一本这样热销过，读者的层次也没有这么高过，当然，更没这样引起过热情的关注和讨论。

往远了说，早先《绝对隐私》算是最为热销的一本情感类书籍。那本书在当时引起的轰动，主要在“隐私”二字，那本书是国内在情感、心理、隐私方面，最早突破禁忌的书籍，读者阅读这书，也就是冲着破忌的快感。

此后的十多年来，隐私和情感指导，慢慢成了媒体的一个组成版块。情感信箱更是小资报刊的必备内容。但是，这些年，随着大家见识增长，木子美早已成为往事，谈同性恋都不再前卫，女警察都敢于坦白换偶经验……情感专栏及信箱，往往成了这些报刊的鸡肋，食这无味，弃之——似乎版面上又缺了一块。那些情感指导家们，变得不尴不尬的，站在媒体的边缘。

但连岳的情感信箱，却完全打破了这样的格局。

据我所知，有好几家开设着连岳信箱的媒体，都有一帮读者，是因为要追看连岳的信箱专栏才固定下来的。这从豆瓣上的书评中，也可以发现他们的身影。

他们多半年轻，教育程度不低，未必是真有情感困扰，但对社会、对人生，充满了了解的兴趣。他们追读连岳的信箱，可能会和同好者讨论，有时，也会打开电脑，认真地写一封信给连岳。他们真正在和连岳的信箱互动，他们既参与提问，甚至，针对每一封刊登出来的读者来信，他们心里也拟好了一封封回信，再和连岳的回答参照。

这对于一般的“情感信箱”也是难以想象的。

我知道很多杂志的情感问答，要么是编辑部的编辑记者代劳，由他们装作读者，写一段“情感疑惑”，要求解答；甚至是作者自己，一人分饰二角，自问自答。

之所以会这样，也是因为读者觉得没有什么好问的。当今的世界，谁没有疑惑，或者说，谁又有疑惑？

没有读者提问，情感信箱又得开设下去，所以，编辑或作者才会出此下策，自己冒充读者，说些傻话，让作者来当聪明人。

这样的情感信箱，自然是无法吸引人，而且还陷入恶性循环，越来越弱智，以为在愚弄读者，其实读者心里都如雪亮，不会把这些当真。

正因如此，也有媒体以外的人，不明其中蹊跷，问我：“连岳的那些来信，是编辑自己编的吧？素质很高，文笔又好。”

我告诉她：“正是因为那是真正的读者写的，才能如此生动。素质高，是因为能读懂连岳的人，素质就不会低。文笔好，是因为真正吐露心声，又有和连岳交锋之感，才会以手写心，自然就是最好的文笔。”

连岳这把牛刀

很多作家都不肯写情感专栏，更不用说情感信箱。大家不肯在这上面用力，觉得太小儿科，觉得是用牛刀杀鸡，既不能针砭时弊，又不能建构新世界。但连岳，国内最好最知名的时评家，却开设情感信箱，一写好几年，写出无数连岳信箱粉丝，写出洋洋几十万字，以至于厚达347页的《我爱问连岳》也只能装下头三年的文字。连岳这把牛刀，不仅能做杀鸡这种小活，还可以做雕玉刻钻的细活。

因为，连岳并未把这些专栏，仅仅当成情感信箱，仅仅只是回答个读者的“合还是分”的问题，在他那里，情感专栏和时评专栏，除了表面的问题各不相同，背后的根基却是一样的。连岳在《我爱问连岳》的一封回信里自己也说过：“可是和他（王小波）一样把自己文章里提倡的自由价值、创作激情、诚实态度实践在自己的生活当中，这样的人，又有几个？”

连岳是做到了这点的。这也正是他跟一般的写情感文章的人的不同。写情感文章的写手，很多只有对别人叽叽歪歪的教训，云山雾罩的拉扯，绕来绕去地练嘴皮功，意图显得自己比别人高明。其实，倒显出自己的可笑与可怜。但连岳把情感专栏，也写得有如他的时评专栏一样。“所以，所有我宣扬的观点，我自己都能做得到。所有在这些文字上体现出来的好恶，都是我的真实感受。”

敢这样说的作家有几个？

连岳的情感问答，因此，也跟他的其他文章一样，笑怒之后，是他真实的个人，是他的诚实和智慧，是他坚持的理想，和他热爱的自由和正义。

他在回答情感问题的时候，他可能会谈到他最近的所思所想，谈到他在圣经里感受到的质朴道理，也可能会大谈时事。他从很容易被人忽视的常识出发，谈男女情感，但他哪里只是在谈情感，他谈的全是社会，是世界，是人生。

所以，读《我爱问连岳》的人，倒未必是想研究男女情感，他们其实就是在阅读连岳。

除此之外，连岳的文章机智有趣，深刻尖锐，直截了当，同时又深含悲悯，给人温暖和力量。这些也十分重要。

我的一位女友，跟连岳也是朋友，她有一阵处于情感困顿中，连岳曾帮助过她，她现在说：除了给自己的，她还要多买几本，送给女友，以做她们的疗伤之用。的确，连岳这点也很让人佩服，他洞息一切，还温暖如春，给人安慰。这位女友说，如果世界上多一些这样的男子就好啦。

只有一个连岳

今年年初，连岳在他的一封信箱回信中终于讲到了自己的一件事。他相爱多年的妻子，被诊为绝症，两人相对黯然，连岳忽然体会到，相爱再久都不够，死别就在前头。这篇文章真切动人，读了的人，会忍不住想，要珍惜自己眼前所有。所幸一月之后，发现是医院误诊。这件事之后，我知道连岳是幸福的人，也是幸运的人，但这幸福也来源于他个人的修为，源于他的透彻和明白。

读者也慢慢明白，问连岳，不用再局限于男女之情。他们的问题更宽泛了。大约一年前，有一位年轻的公务员，为生命意义所苦，来信问连岳，他是不是该选择另外的道路。这封信在网上也引起了广泛的争论。

如果从更长的时间来看这些给连岳的来信，是能读出这个世界的，这个时代，这个时代的青年人，他们的所思所想，他们面临的抉择，他们的痛苦彷徨不安。连岳的情感信箱，其实也是时评，一种反映时代精神的评论。

这背后的精神和他的那些疾恶如仇的时评是完全相通的，和他参与厦门反 PX 运动，也是相通的。这正是知识分子最重要，也最难做到的知行合一。

在厦门反 PX 运动中，他在博客中公布关于 PX 污染的资料，鼓励每一个热爱厦门的人站起来，他在他的许多文章里都在谈论厦门面临的污染危险，他耐心地告诉“厦门人民怎么办”，厦门反 PX 最终成功，跟厦门公民意识的觉醒分不开，跟连岳分不开，跟连岳的一篇篇文章也分不开的。

今年和连岳的交流很多，我知道了连岳前不久的一件小事。有个新创媒体，看起来年轻而有理想，连岳对它很抱期望，在那里开设一个名为“公民观察”的专栏，也在博客上热情推荐。后来，那个媒体因为某些原因，忽然堕落了，要拿稿子去敲诈企业。连岳知道了，当即停了专栏，并在博客上发了声明，郑重地撤销了对这个媒体的推荐。

在很多人看来，这是小事。因为大多数人并不会做如此反应。但连岳就是连岳，他不像很多作者那样，有若干套面具，也有若干套文具。很多知识分子，谈天下是一张脸孔，看得失是另一张脸孔。连岳是始终如一的，谈天下时事的是他，谈男女情感的也是他，反对不顾民意的政府的是他，为中国媒体前路感到悲哀和欢喜的也是他。

这样的一个人，拿出治大国的勇气、智慧和手段，来烹一碗给青年人的心灵鸡汤，这鸡汤当然是又养人又好喝。

两个大脑的战争

我不止在一个地方看见这两张图。

这两张图一张画的是男人的大脑，一张是女人的大脑。

男人的大脑中，最大的区域是“性”，第二大的区域“还是性”，接下来的是“追求危险刺激的能力”“沉溺于电视机及遥控器的能力”以及“球类运动的能力”等等，另外还有“说毫无说服力的借口的能力”和“避免被人问到私人问题的能力”。更小的是“注意力”。除了这些能标出区域的以外，还有一些小到只能以点来表示的地方，它们分别是“上厕所的瞄准细胞”“做家事的技巧”“熨衣技巧”以及“听力”。

在女人的大脑中，大块的依次分布着“需要约束的范围”“想吃甜品的欲望及能力”“嫉妒心”“购物技巧”“讲电话的技巧”“优柔寡断的能力”“听力”“鞋子和手提袋的谐调能力”，很小的一个地方是“性”，最小的是“方向感”。

我不知道这两张图最早出自哪里，但太像一个肥皂剧的内容了。

丈夫对性无比热爱，他在外面喜欢冒险，回到家里喜欢陷在沙发里看电视，他做不好家事，上厕所要把地板搞脏，妻子问他话他不容易听到注意到，就算听到了他也习惯随口撒谎。

妻子容易嫉妒，喜欢购物，煲电话粥，喜欢穿衣打扮吃甜食，出门在外缺乏方向感。她不喜欢性，所以只有一个女人是不能满足丈夫的。

有这样一个男人和这样一个女人，生活一定充满了戏剧性。差不多所有的肥皂剧都是基于这样的矛盾来展开的。有人把这称为基本人性。

比如电影《手机》，丈夫喜欢外面的女人，妻子问到他总会习惯性撒谎，最后嫉妒的妻子凭借手机这个间谍，才得以拆穿了丈夫。

电视剧就简直多到不用举例了。

小说电影为了不流于通俗，也只得把这些元素减少一点。比如，让他或者她不处于婚姻状态，但性格也大体如此。电影《律政俏佳人》里，女主人公就是一个典型，她穿着粉色花哨的裙子出现在最严肃的场合，穿过一片黑压压的男人，她痛苦的时候去美容店让别人给她画指甲，寂寞的时候跟远方的女友大煲电话粥，随时在吃甜食，还喜欢把甜食送给朋友们分享。电影《单身日记》里的女主人公也是如此，暗恋总得不到回应，于是开始狂吃零食，当男友终于向她表白，她激动之下马上去换最漂亮性感的衣服，以为男友离开了，她出门去追，却找错方向。马尔克斯在小说《霍乱时期的爱情》里，塑造的是一个集这些“男性性格”于一身的单身汉，他疯狂追逐性，因此，他也不想结婚，因为那样就会约束他了，他在一个个女人那里冒险，而除此之外的日常生活中，他是个单调乏味不负责任不起眼的男人。小说最后写他终于和他暗恋终生的女人走到了一起，但马尔克斯也许不知该怎么把他俩放入日常生活，因为那样还是脱离不了妻子与丈夫的必然战争，所以马尔克斯只好把他们放在一条悬挂着霍乱标志的船上，这样，就永不靠岸，就永远不进入命运的必然轨道。这一点，都有点像关于爱情的童话了，童话中都是讲到，他们克服了重重困难，终于走到了一起，从此，幸福地生活着……这省略号代表的，也正是两性战争，而这是儿童不宜的，所以要省略了它。

文章开始讲到的这两张图，有超强的概括能力，它表明了这是大脑的结构，是天然形成的，所以两性之间的战争就是命中注定的了。

这两张图可能是一个超级幽默的男人想出来的，他拿这个调侃了女人，同时也进行了一番自嘲。我一个女友看到这两张图，惊呼："原来我总是找不到方向是这个原因。"另一个女友说："难怪老公总是尿在马桶外面，原来是他大脑不好啊。"

这两张图是总结了人们常常说的性别导致的性格差异，但如果大脑分区这么简单明了，那人如果不是机器人，可能就是一种智商很低的生命。当然，机器人和低智生命的大脑也没有这么简洁。毕竟这只是一个笑话。

但也许它最早并不是以笑话的面目出现的，这是完全有可能的。

我最近正好在看一本书，叫《大脑的性别》。是英国的女科学家莱斯蕾·罗杰斯写的。这位女科学家，是一位女权主义者。女权主义者也许不该来做这个研究，因为科学是应该讲究公正的。但是这本书读下去，就会觉得她就该是一个女权分子。

她谈了科学其实在很多时候是服务于社会需要的。比如科学家经常出来证明女性的劣势是天然的。她举了个例子：

头骨学家G·勒朋1879年写道：

“在最智慧的人种中，比如巴黎人，大量女性头骨的尺寸更接近大猩猩，而不是高度发达的男性大脑。这一低劣是如此明显，没有人可以为此一作争辩；只有低劣到什么程度还值得讨论。研究过女性智力的所有心理学家，以及诗人和小说家，如今都承认，她们表现了人类进化中最有缺陷的形态，她们更接近儿童和野蛮人，而不是成年的有教养的男人。”

读到这儿，我乐不可支。当然这个观点是1897年的科学家的观点，但在当时的头骨学是非常热门的一门“科学”，大家都是认可这个观点的，只是在一百多年以后的今天看来，觉得无比荒唐。

这本书里还大量引用了这些男人的“科学成果”。有不少是现在的，一样让人觉得滑稽可笑。社会需要什么，科学就能证明出什么。不少认为男性天然优越于女性的科学家，便也能用“科学”证明了这个观点。

书中还讲道：

当科学家证明了男女两性的大脑体积和体格大小有关后，大脑皮质上的褶皱的数量也没有性格差异后，而这个数量本来也是与智力有关的特征。其他一些研究者把注意力集中在大脑中某些部位的大小上。起先，在十九世纪中叶，人们以为男性的额叶一般比女性大。到了世纪末，人们又确信男性的额叶比女性小，而顶叶比女性大。根据这一点，很多科学家立刻改变他们的观点，说较大的额叶并不表明智力优越，但顶叶的大小对智力更加重要。

尽管没有解剖学上的证据支持女性大脑不如男性的观点，但这些

“科学思想”背后都潜伏着更深的社会背景。二十世纪前期，哈福洛－艾利斯设计出一套理论，称“男性具更强的可变性”。他深信，不管什么特性，男性都比女性具有更强的可变性。到了 1970 年代，这种观点还用于解释为什么伟大的艺术家、科学家、音乐家以及诸如此类的人中间男性的比例更高。据说，得到 IQ 测验高分的男人比女人更多。这本书的作者指出：“事实上，IQ 得分很低的人中间，男性也更多，但低分段不受注意。女性比男性更接近平均分。”但这又产生了一种新的认为女性不如男性的说法，“因为她们彼此相同或者比男性更平均。”

科学因为先有的社会的一些需要和观点，再去主动应合，产生了无数的滑稽效果。科学在历史的前进中，像一个马戏团的表演者。他反复无常，他前后矛盾，他有强大的精神胜利法，他不屈不挠，总想赢得后世的笑声。

科学家们的这些研究倒让我想到一件往事：

我记得在中学的时候，我争强好胜，喜欢抬杠饶舌，完全不像现在这样的性格。那时，常和同桌的男生争论一个问题，就是男人强还是女人强，男人聪明还是女人聪明，男人伟大还是女人伟大。那时，其实我们未必真正有性别意识，如果有了性别意识，想必也不会争论这么弱智的问题。关于谁强的争论，我记得他提出他可以一只手搬起一张桌子，我抬出刚刚夺冠的女排。关于谁聪明，他举出的科学家就比我多，而我先是只搬得出居里夫人，到最后把什么黄道婆都搞出来了。关于谁伟大，那我就能举出什么长江黄河祖国地球等等各类母亲。这位同桌最后被母亲们击退了。

当时我们争论得十分认真激烈，其实现在想来，这后面隐藏的意思不过是，我和他谁更行，将来谁的前程远大。其实若干年后再回头，这完全是一个不争的事实嘛。

但这件事情，倒真是和男科学家们想证明女性不如男性聪明很相似。背后隐藏的也像一个孩子般幼稚："是我的观点重要还是你的观点重要，是你该占据社会的重要位置还是我，到底是谁或者该谁来主宰这个世界？"这些问题现实化就是：谁有工作权，谁有选举权，两性应不应该平等，哪些方面平等？

正因为莱斯蕾·罗杰斯是一位女权主义的科学家，她才从另一个方向来审视她的同行的研究，对这些实验一一质疑。

比如，针对男女两性在 IQ 测试的得分不同，她指出，这根本在于这些测验题的设计，并不能反映两性任何基本的差异。女性和男性对不同的问题的表现确是有别，但整个测试结果取决于各种问题的平衡，并不表明两性的生物本性。原来有女性得分高的测验，但这些测验会被调整，以消除女性的优势。

说到智商测试的问题，我就不免联想到最近的例子。

网上最近有一个 IQ 测试。告诉我的是一位专栏女作家，她写邮件叫我去看看。我测了，分数是不错的分数，我只是暗自得意了一下，没好意思往外讲。但她第二天就来信追问我的分数，原来她的分数也差不多，她以为是个得意的高分，自己聪明得厉害，所以想要知道其他人几何。后来，在她的调查之下，发现周围写作的朋友们分数都在 120 至 130 之间。正在我们集体得意的时候，我一个律师女友告诉我，她的事务所里，律师们的分数大都在 140 以上。她说，她所里有个律师太让人惊讶了，才 130 多分，跟所里的那个打字员得分一样。

如果说我们这些写作者智力都不如律师行里的律师甚至打字员，我想，我们这群人里，一定没有一个人甘心。我们于是便想到了，这套题的设计一定是恰巧更符合律师们的思维方式。

有这种疑虑的人一定是很多的，要不，怎么会在“智商测验”之后，又有人提出了“情商”，甚至“财商”之类，相信以后还会细化出许多其他的商来，IQ 之外有更多的 Q。

把这些综合起来，科学家们试图用这些反映人的智力。但智力真的只是个生物学范畴的东西吗？100 分和 120 分的差别在哪里？社会文化的影响和能力怎么计算？人的心灵的力量怎么衡量？

说了那么多男女的智商问题，这个问题真的那么重要吗？就算许多女人没有方向感，容易迷路，许多男人把小便滴在了马桶外，世界上多数的男人和女人最终还是要相亲相爱，互相照顾，互相配合，互相支持，把人生完美地进行下去。

有了男权的科学家的研究，现在又有了女权的科学家对这些研究质疑，这在科学发展中当然是有价值的。但在男权科学家和女权科学家都能提出许多相反的结论时，我还是不相信这些的好。我知道人与人之间的差异远远大于性别之间的差异。

作者简介

西门媚

小说家，著名作家，画家。

被列入中国文坛十大最活跃青年女性作家。曾在广州、北京、成都三地媒体工作十年，现专事小说创作和专栏写作。

出版长篇小说《实习记者》《看不见的河流》，短篇小说集《硬卧车厢》，随笔集《纸锋》《结庐记》《完美的路演》《成都慢生活》《说我爱你》等。先后在“腾讯大家”“百度百家”《南方周末》《东方早报》《外滩画报》《南方都市报》等上百家媒体开设专栏。

想 象 之 外 品 质 文 字

心怀野念

策　划 | 领读文化
排版设计 | 领读文化
责任编辑 | 孟繁强
装帧设计 | 领读文化